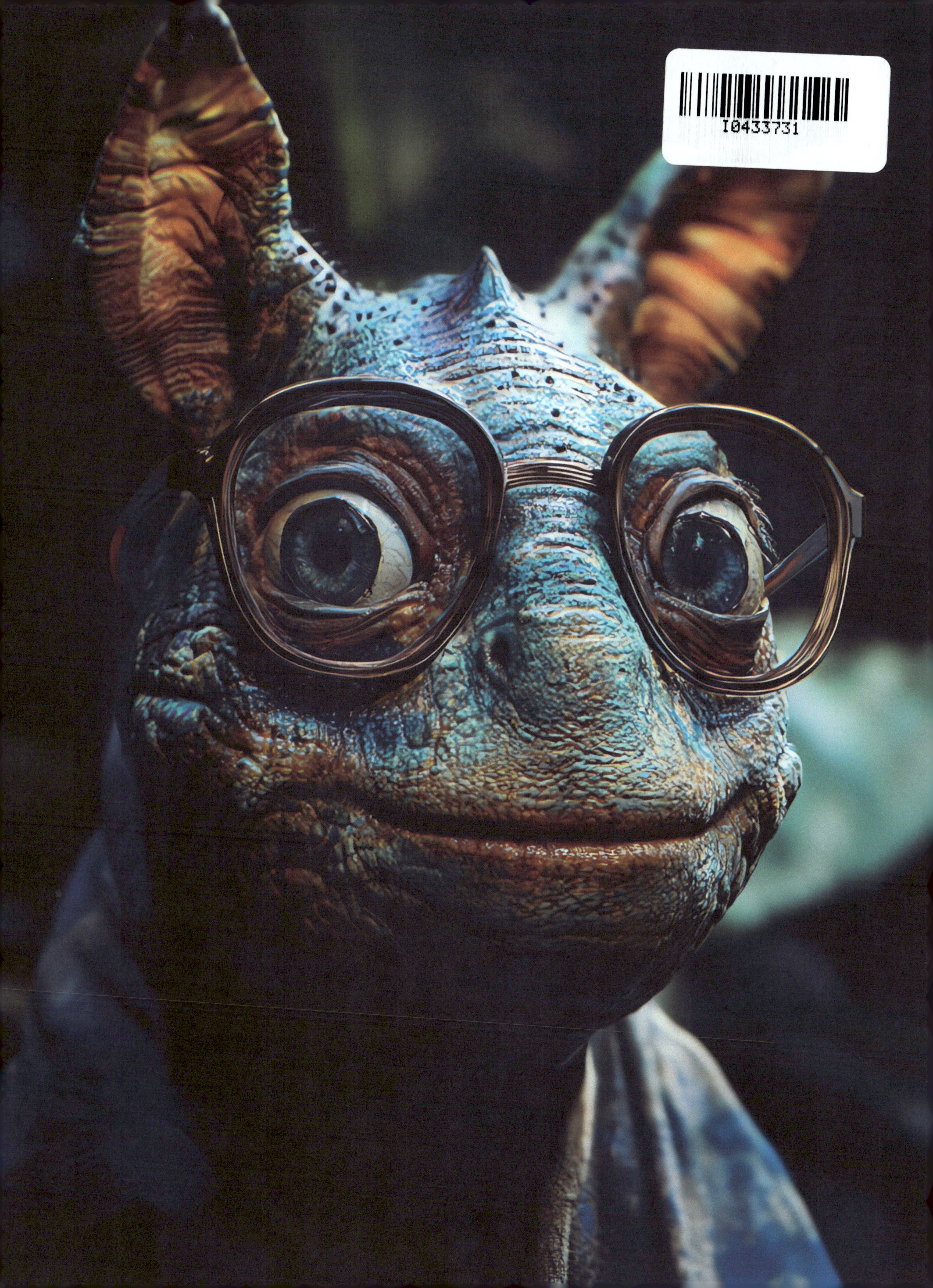

I0433731

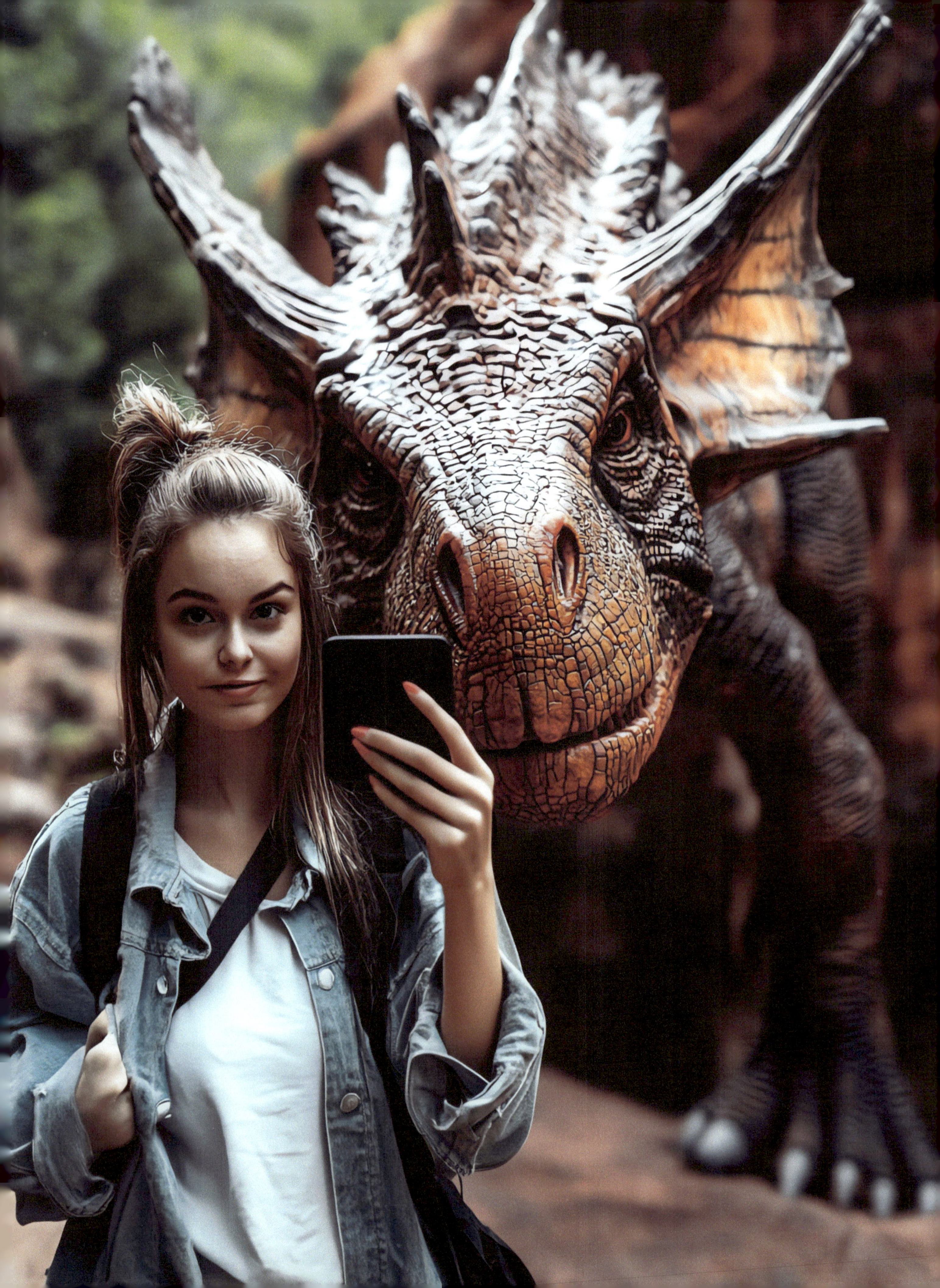

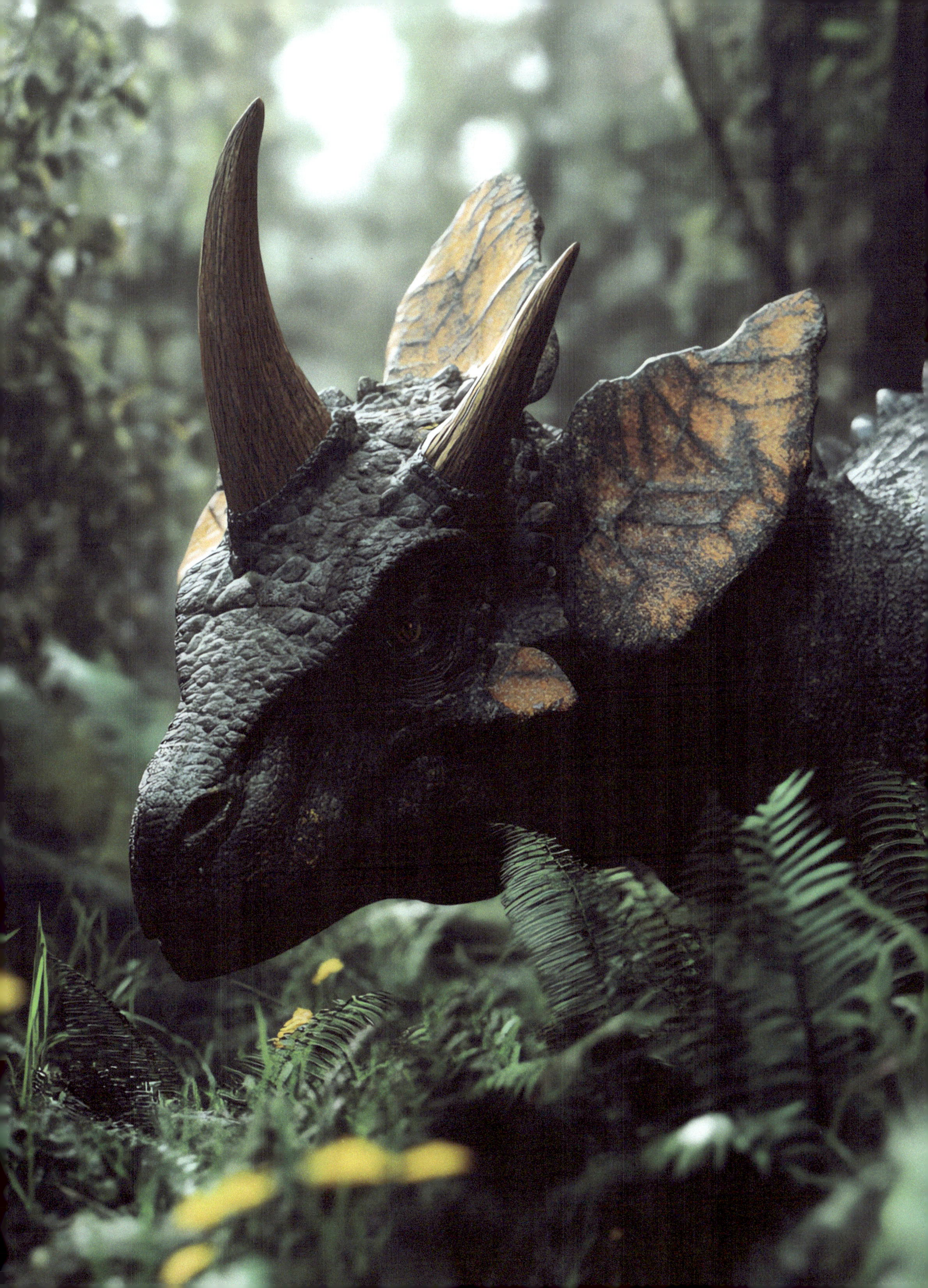

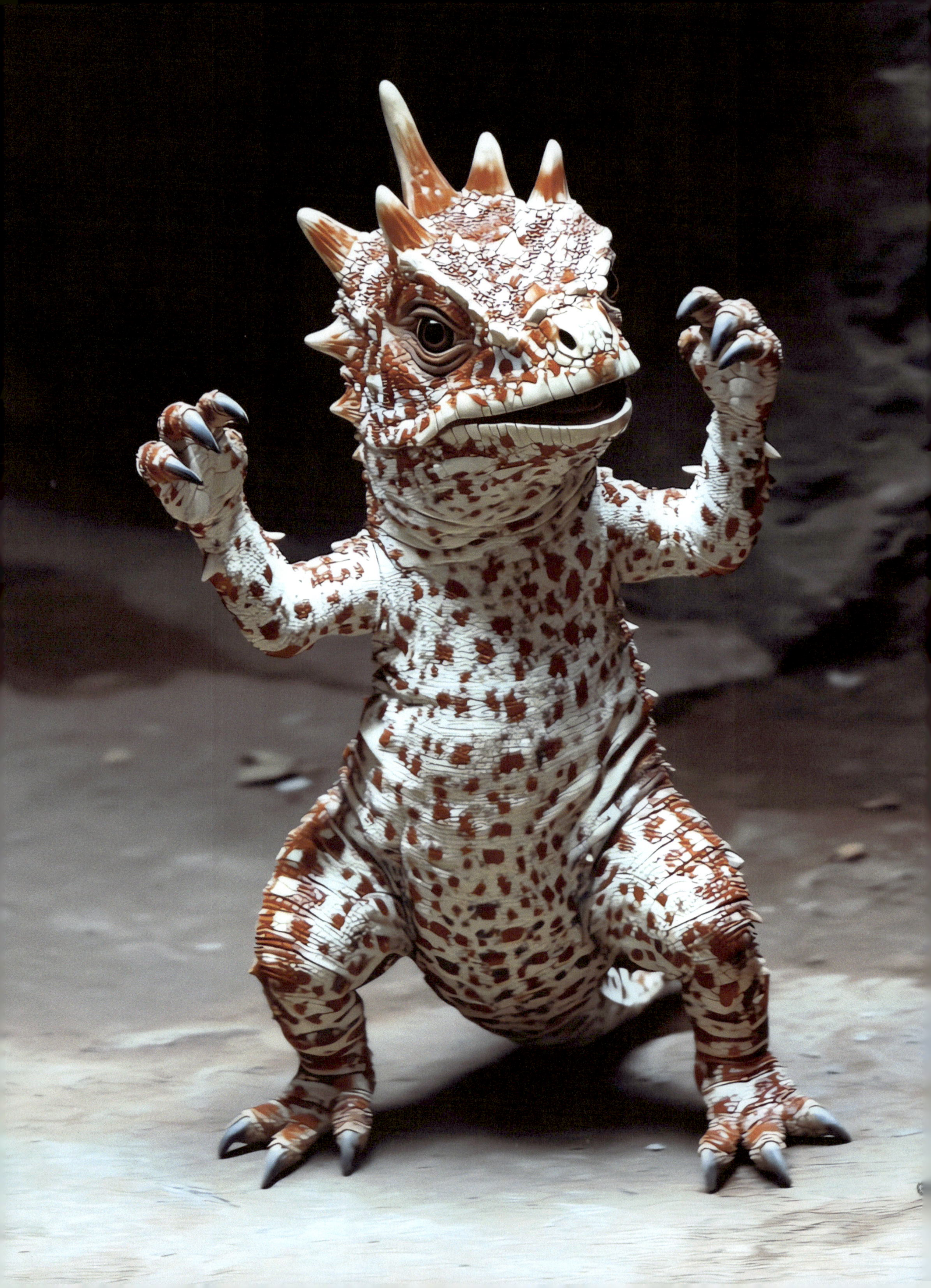

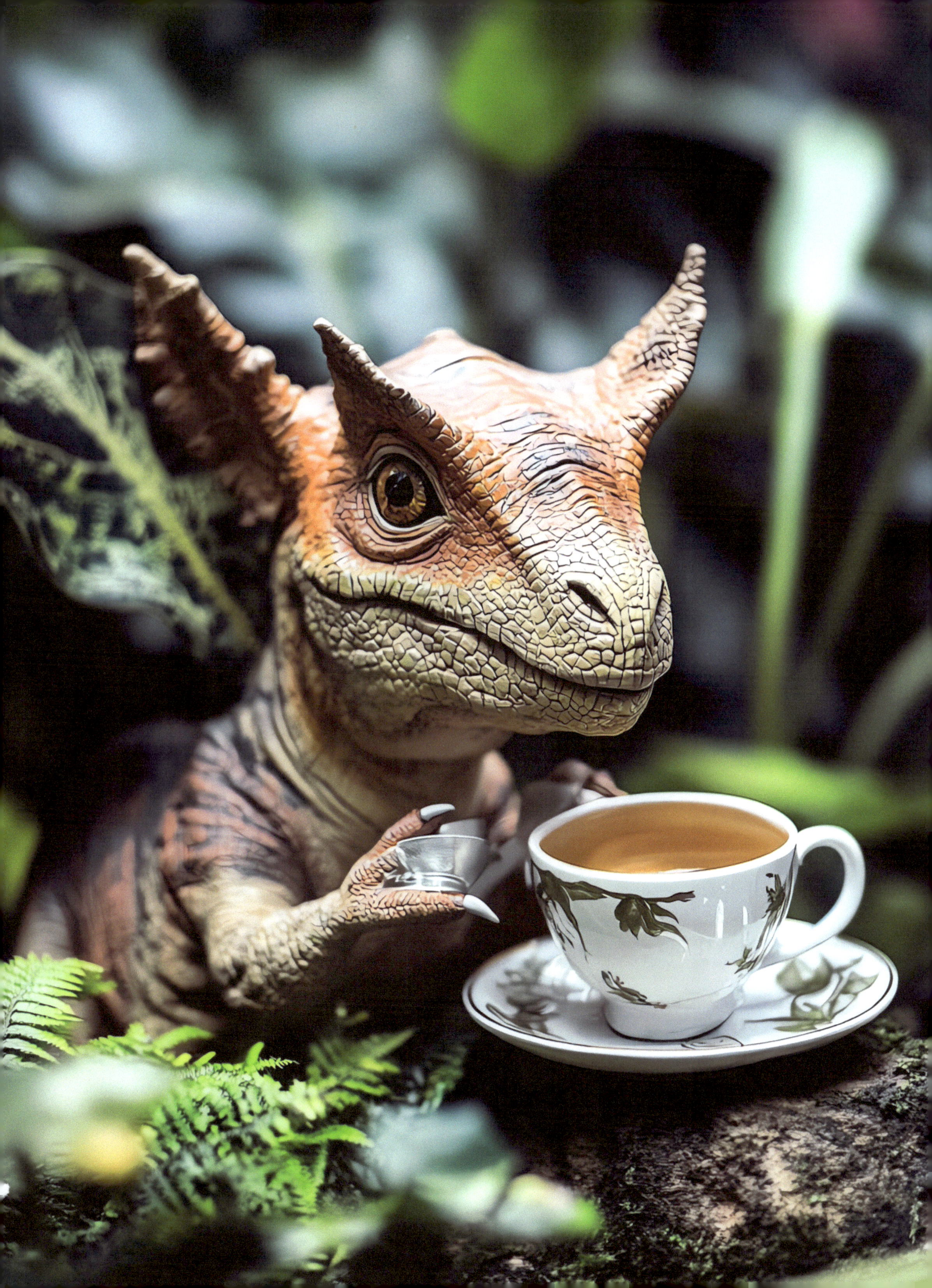

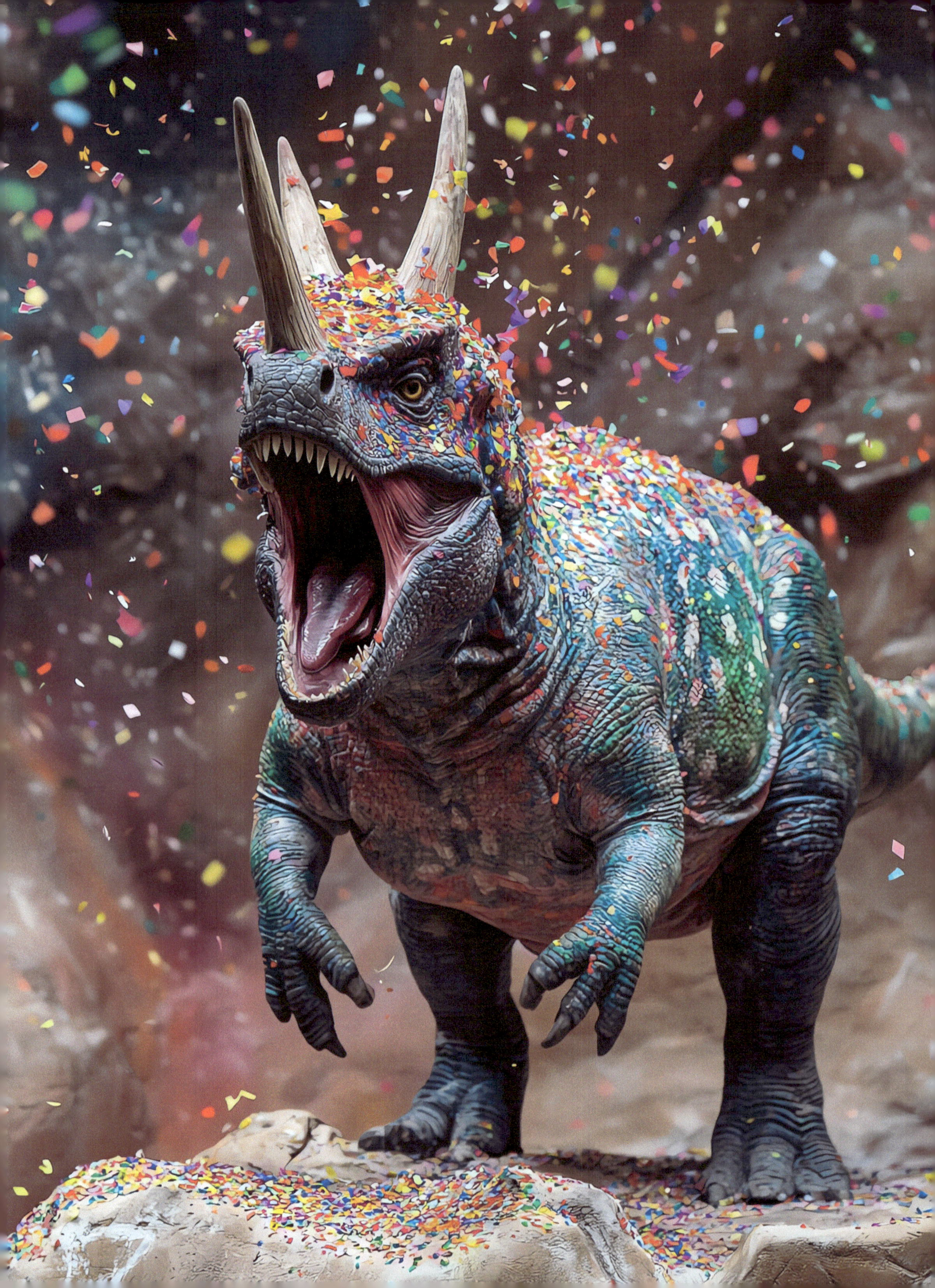

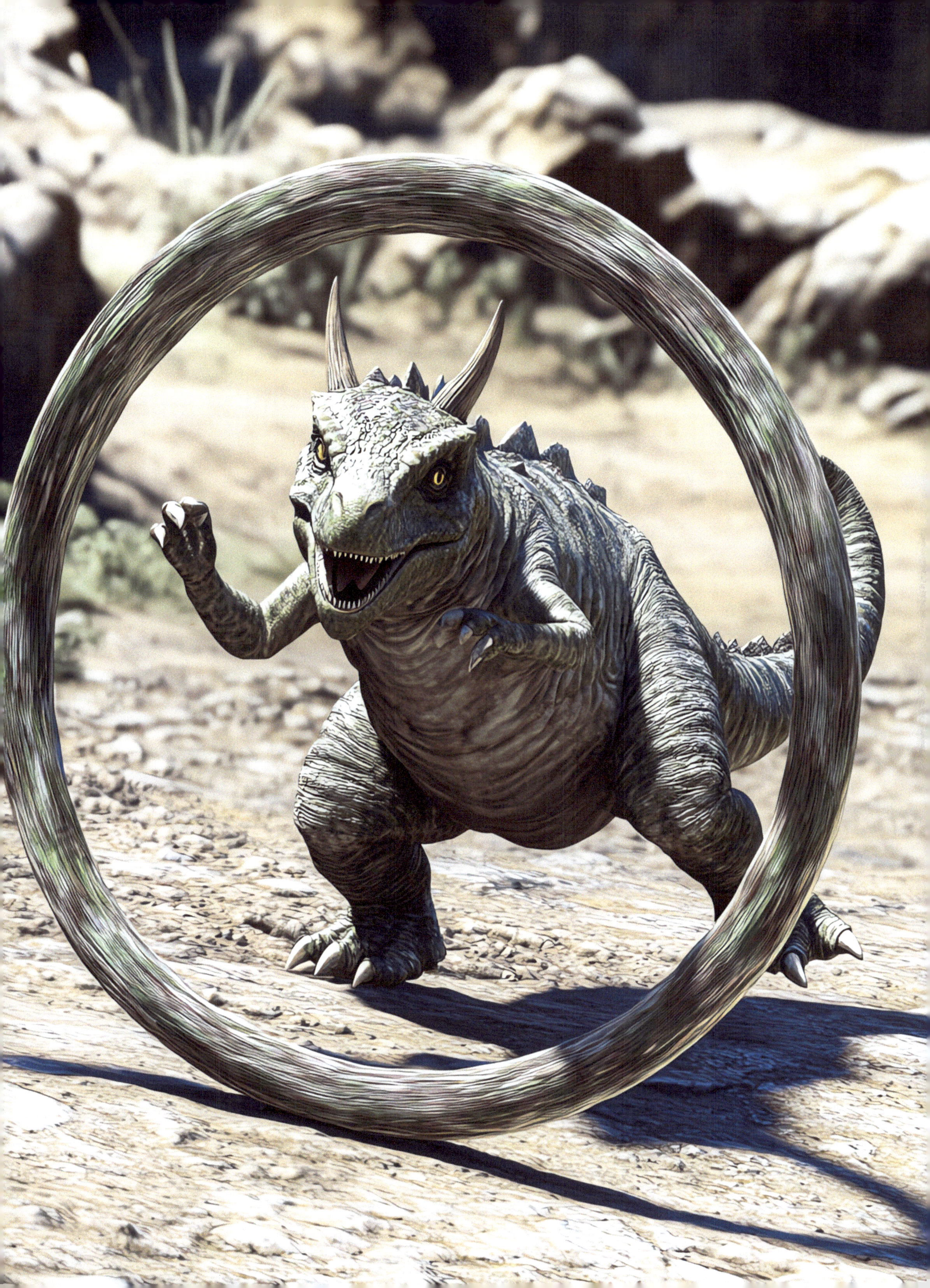

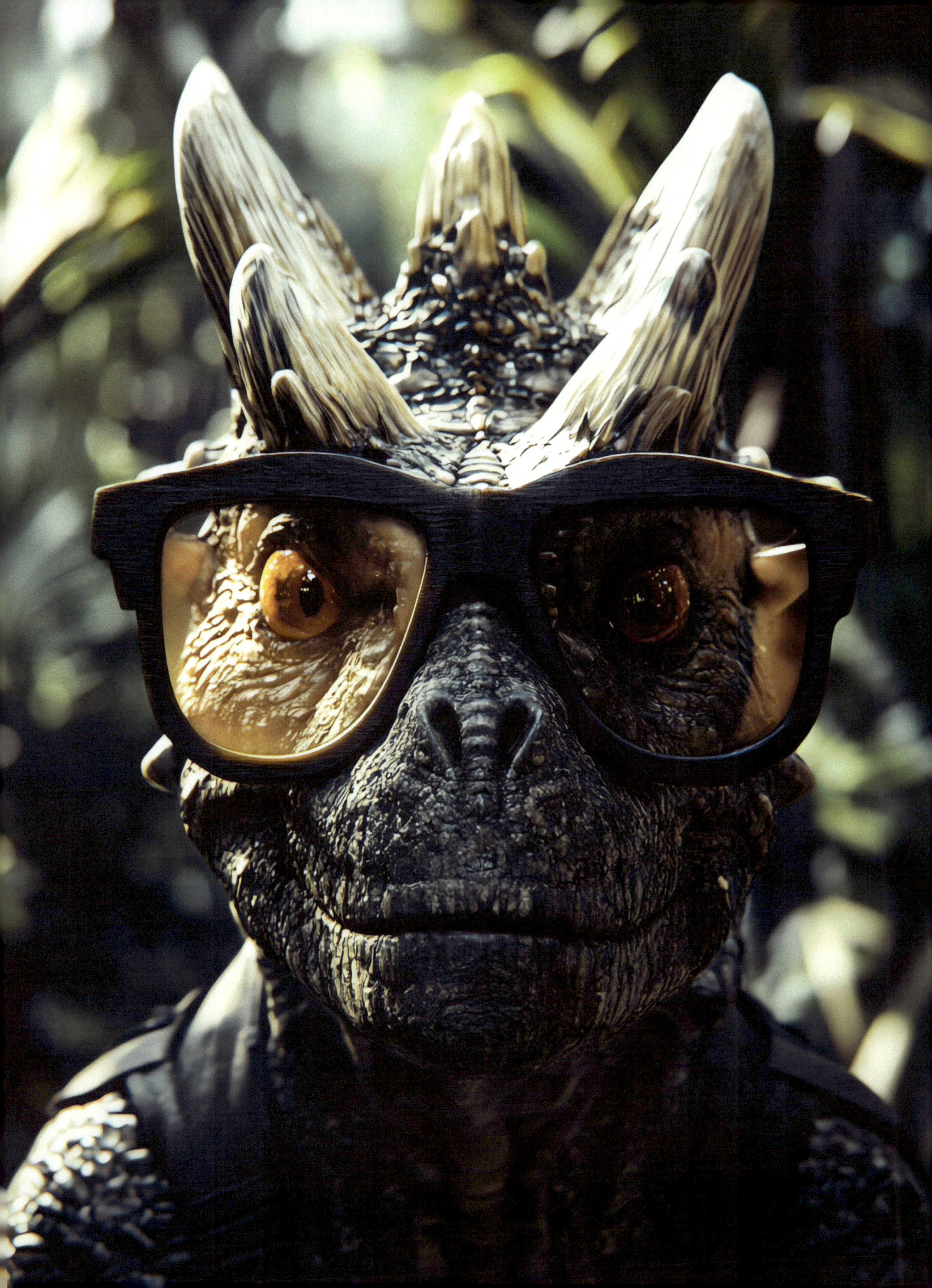

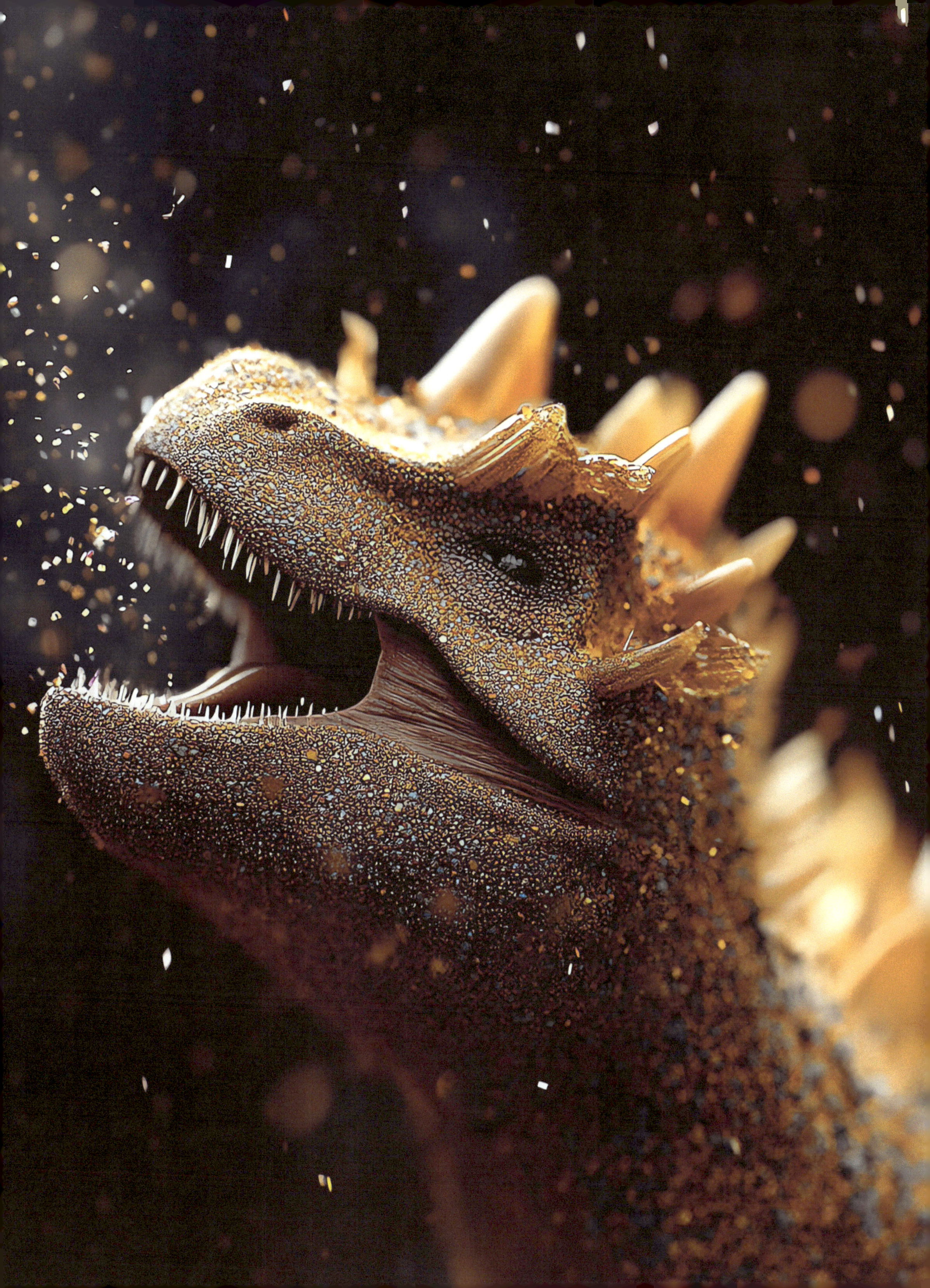

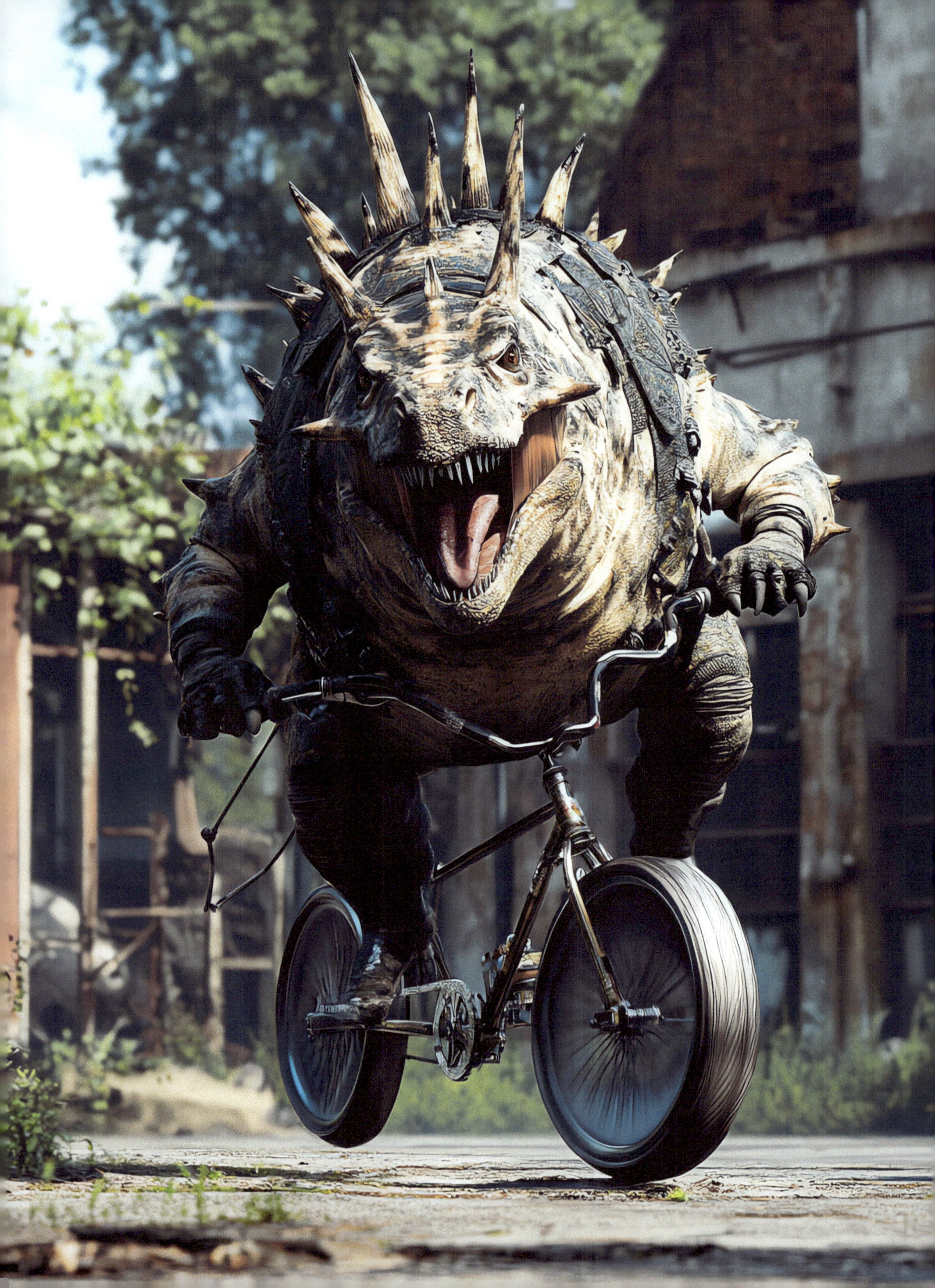

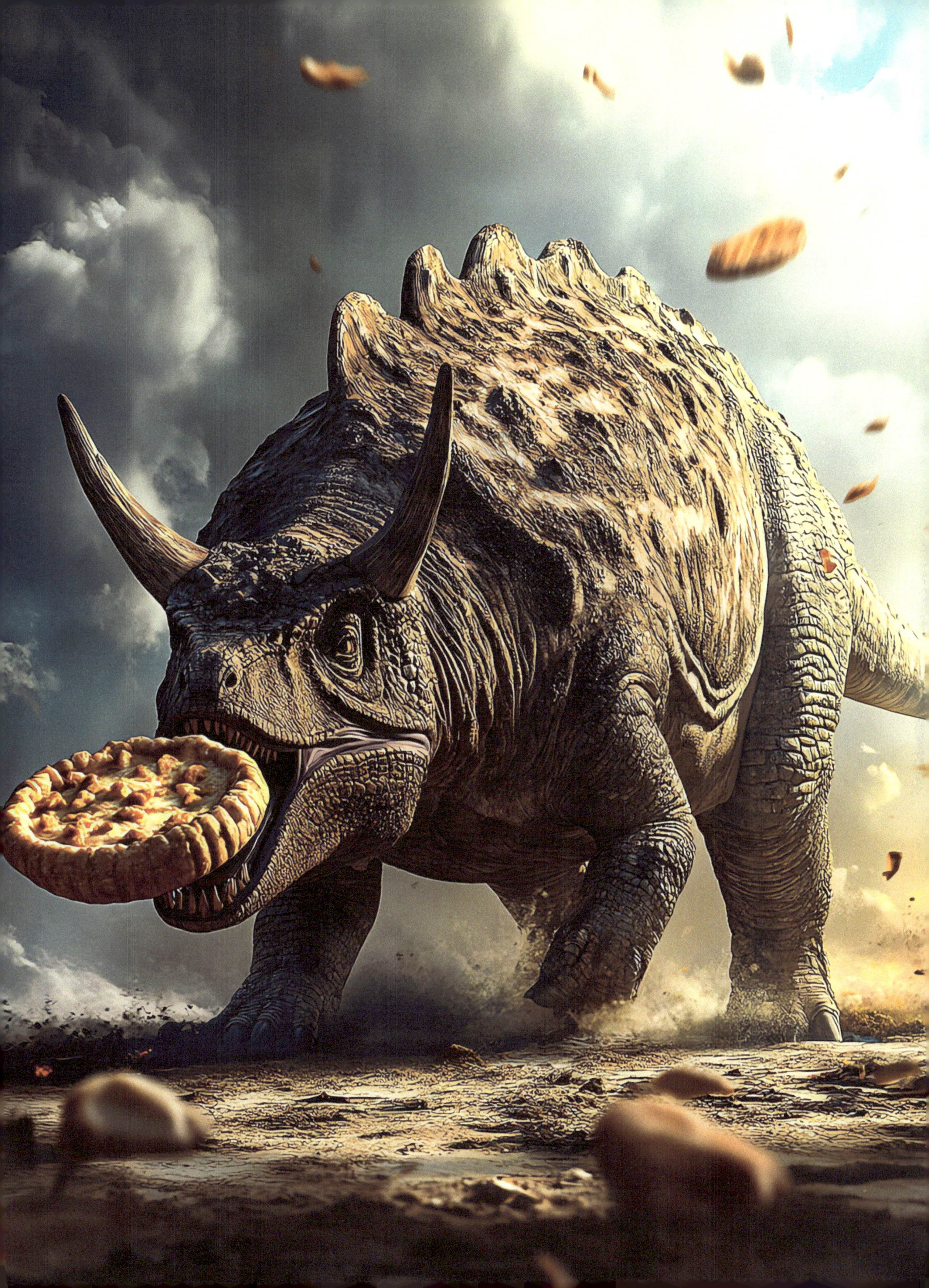

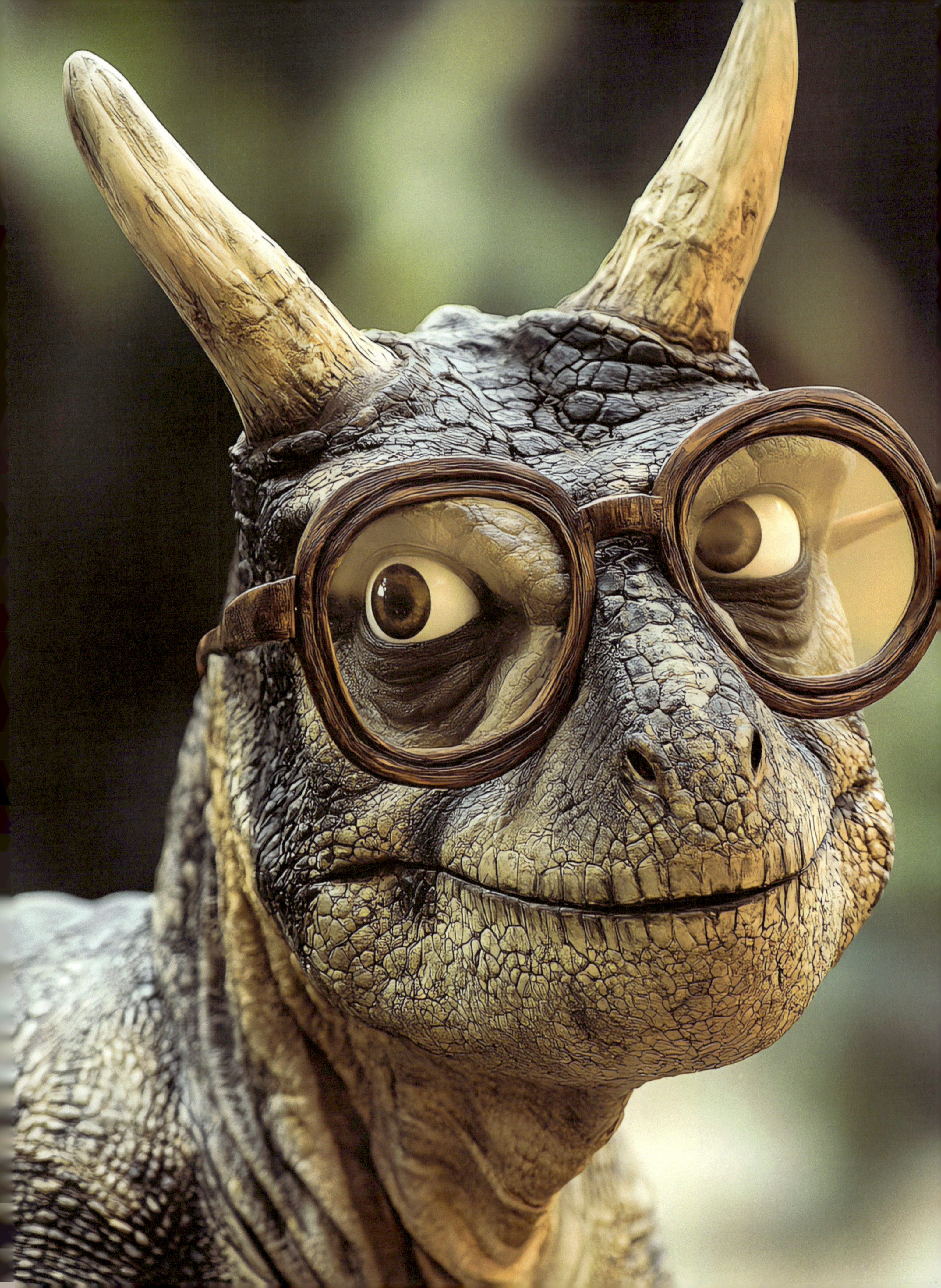

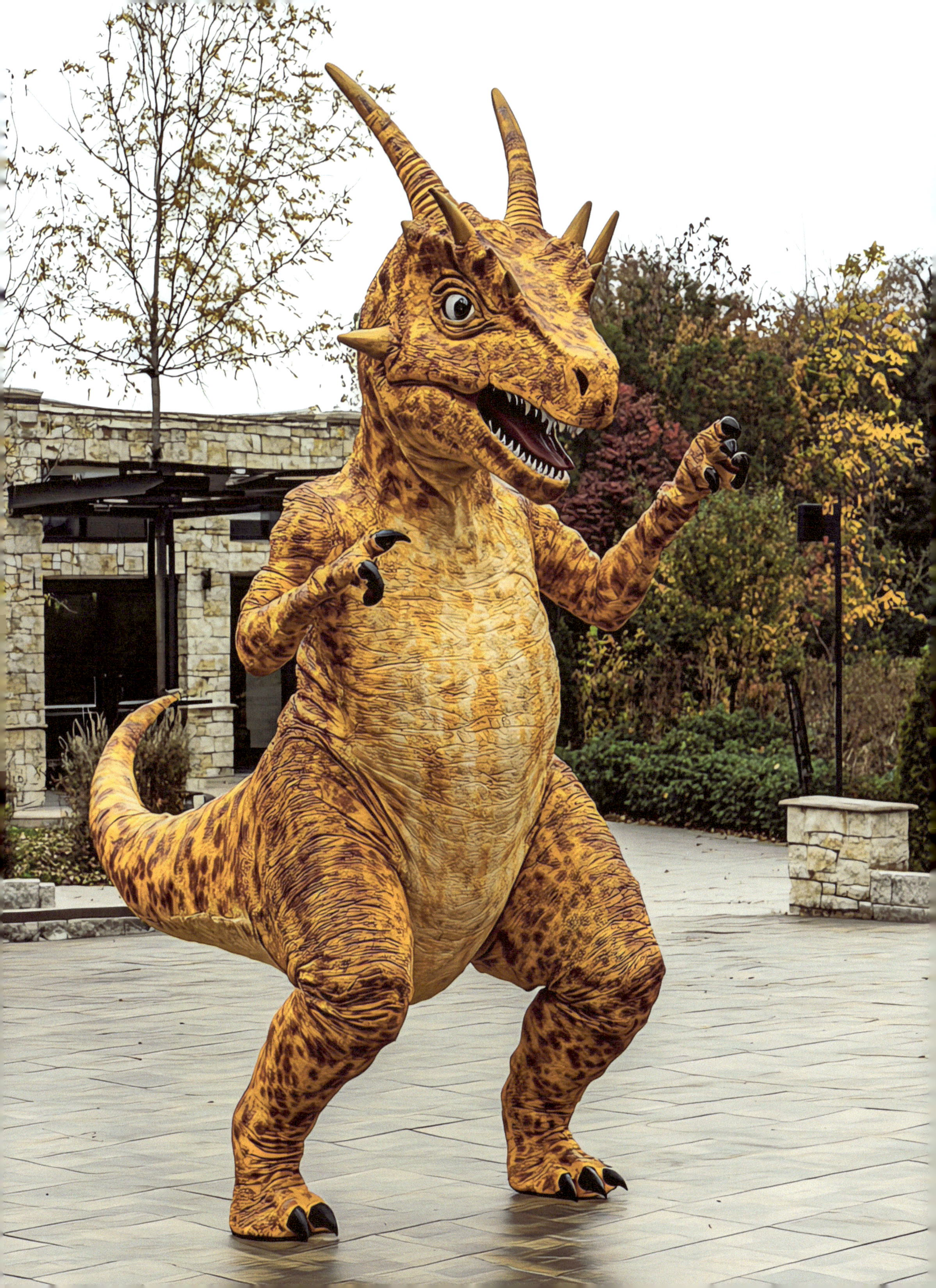

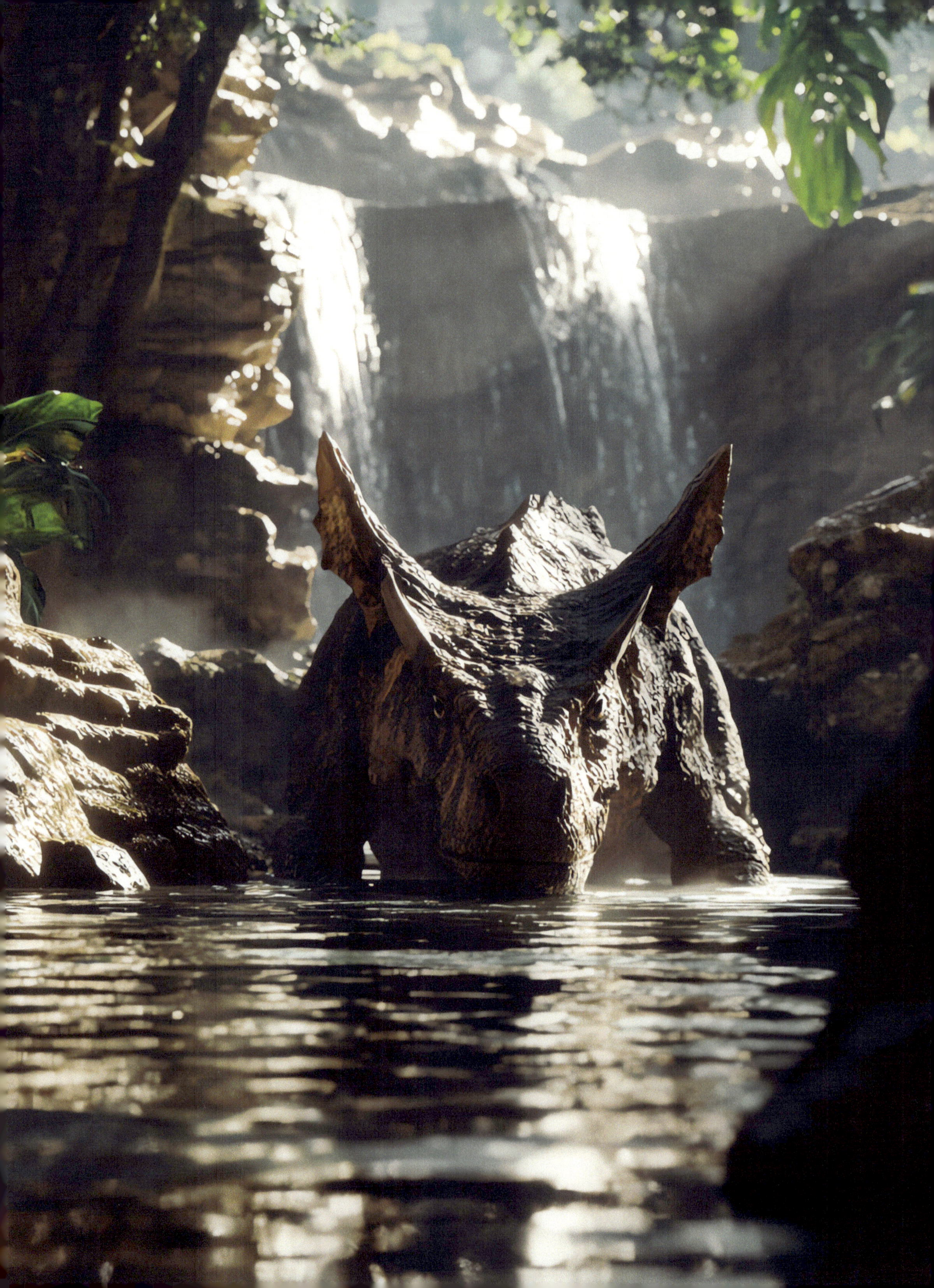

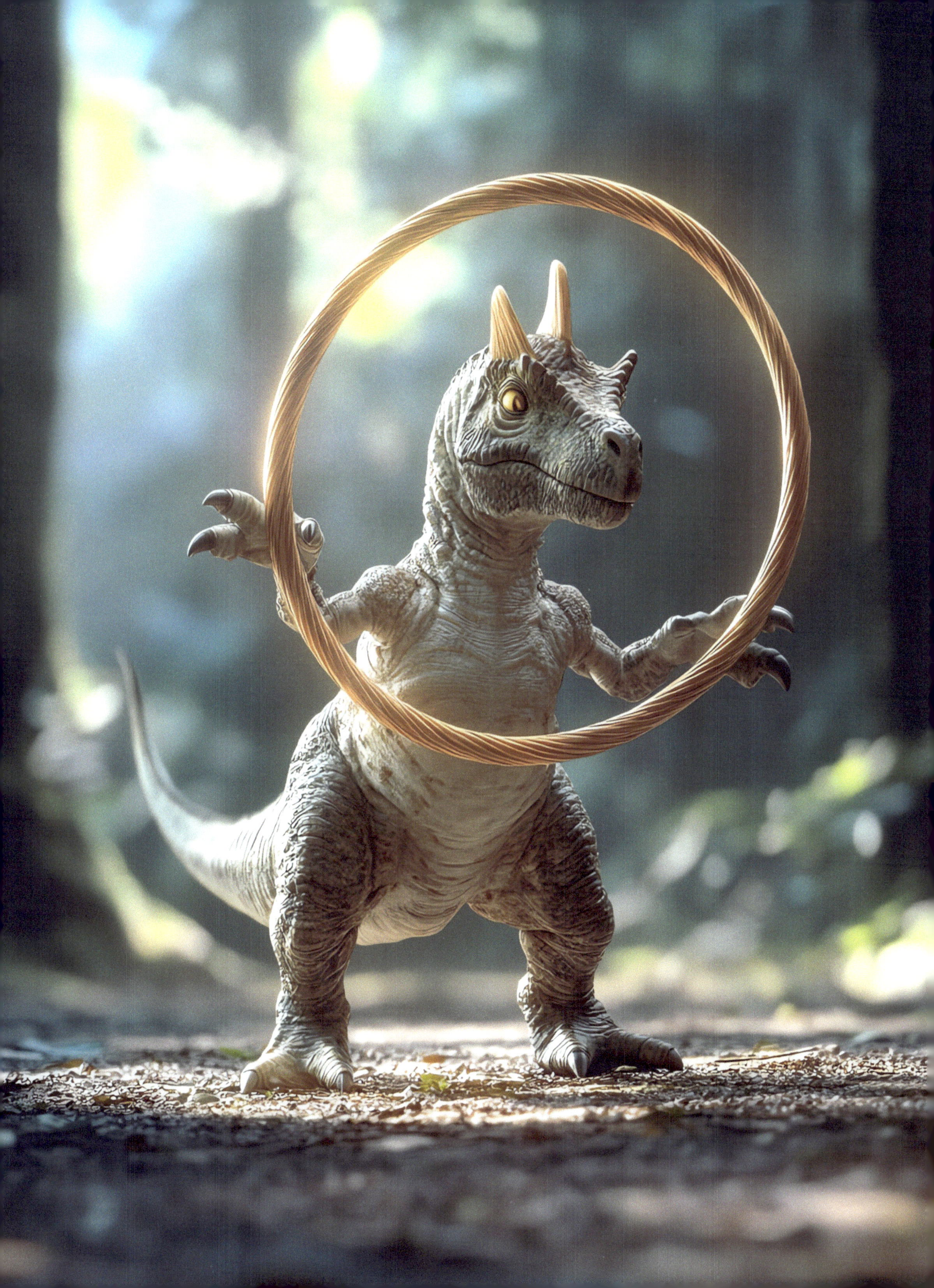

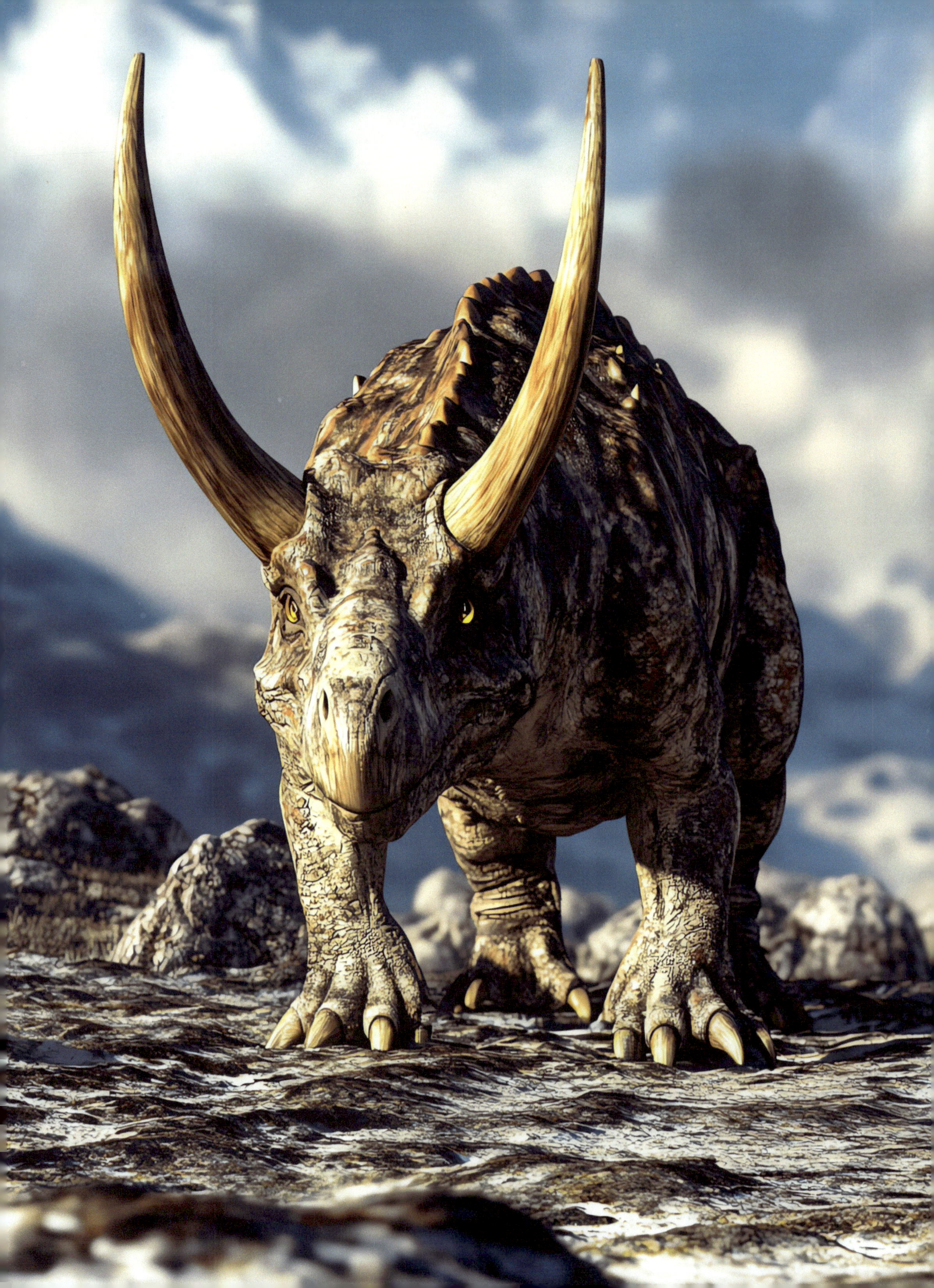

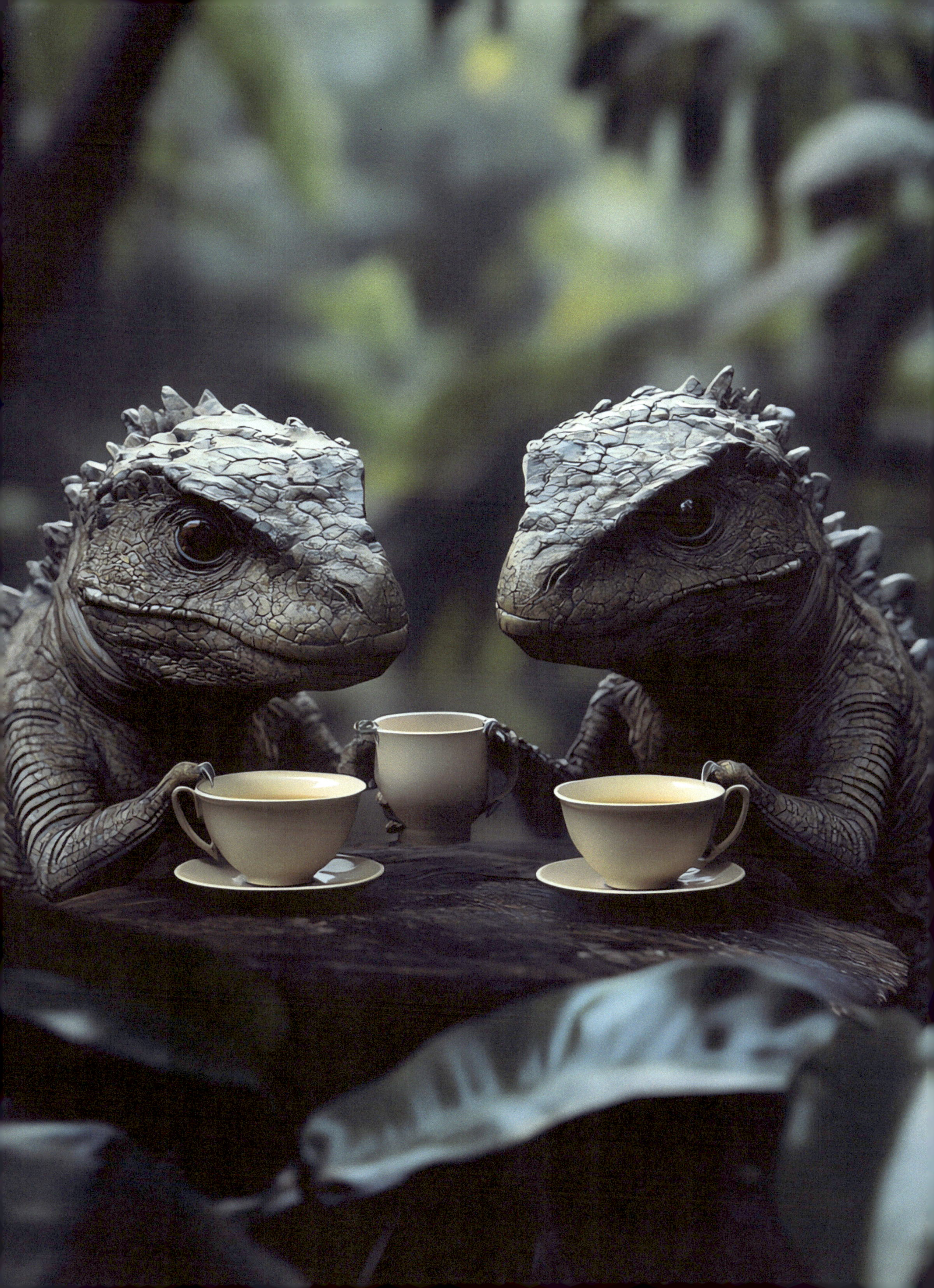

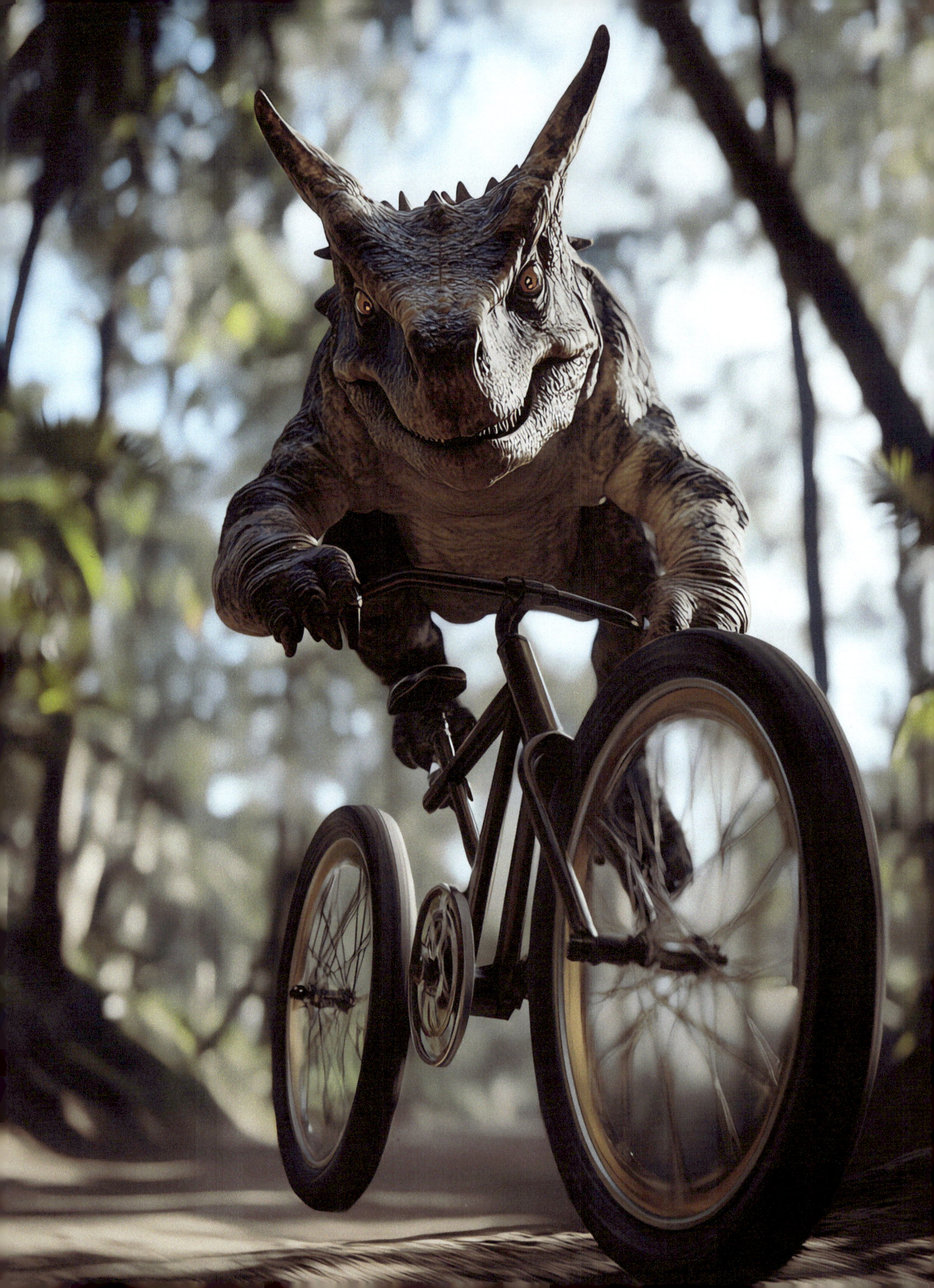

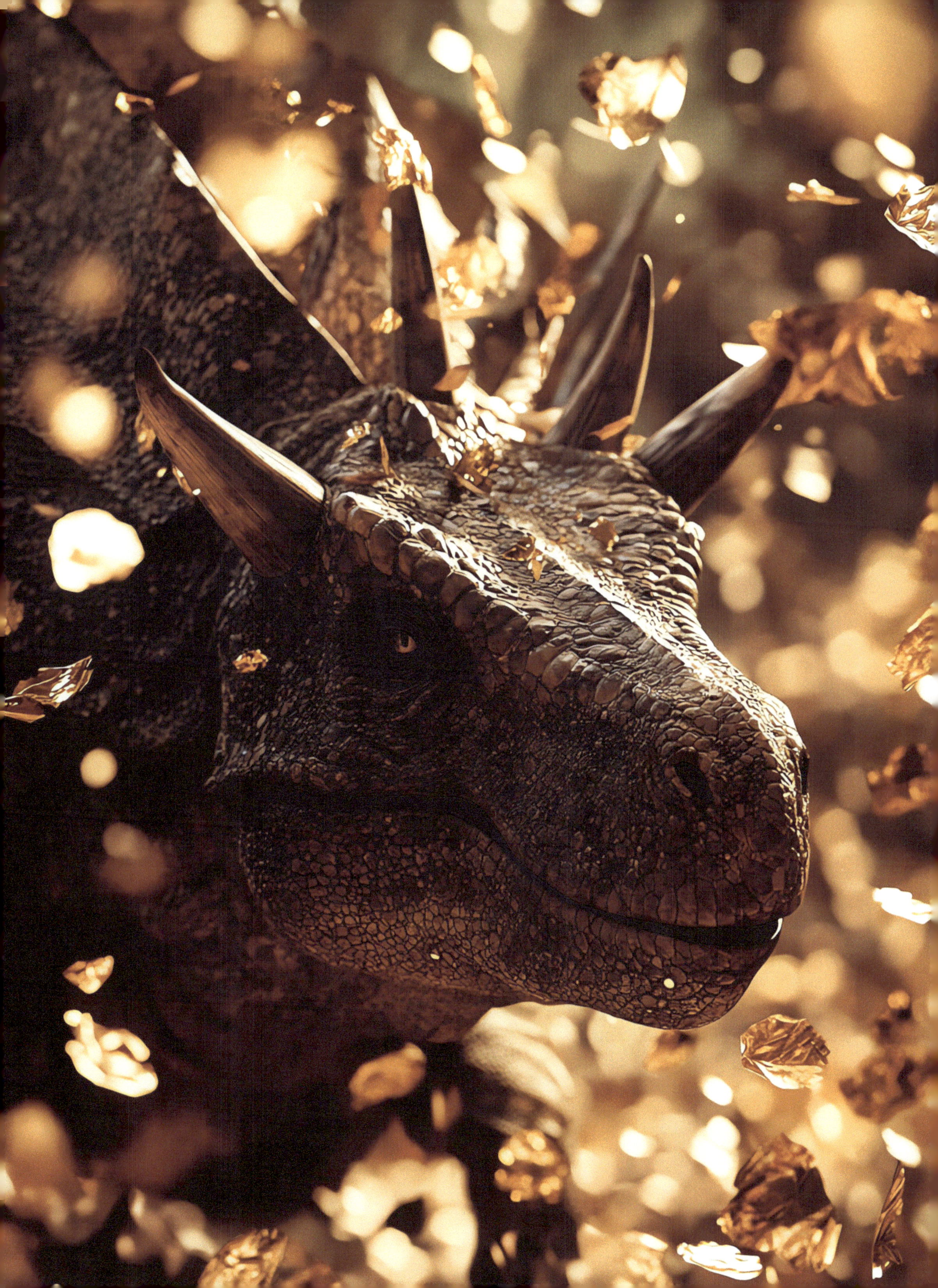

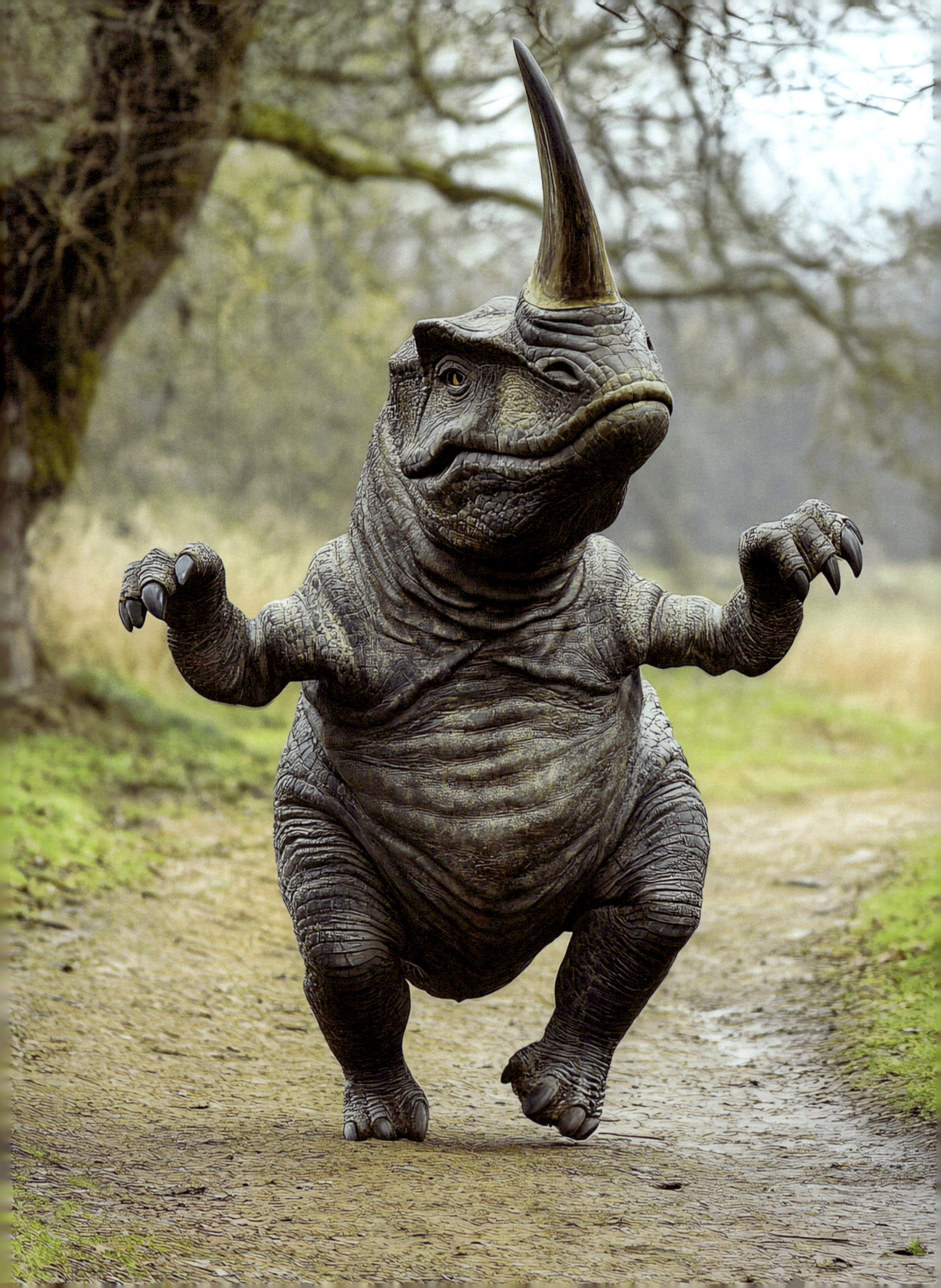

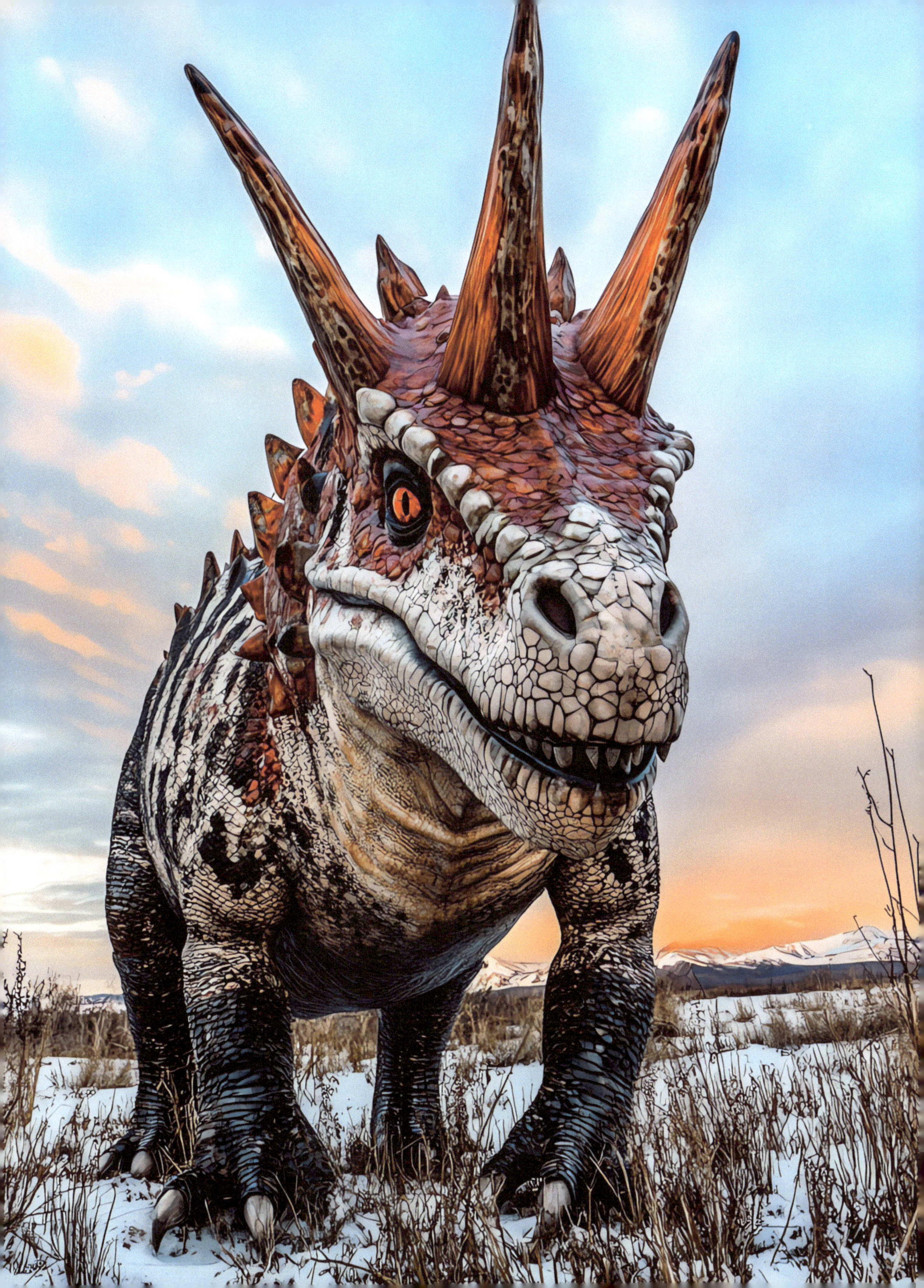

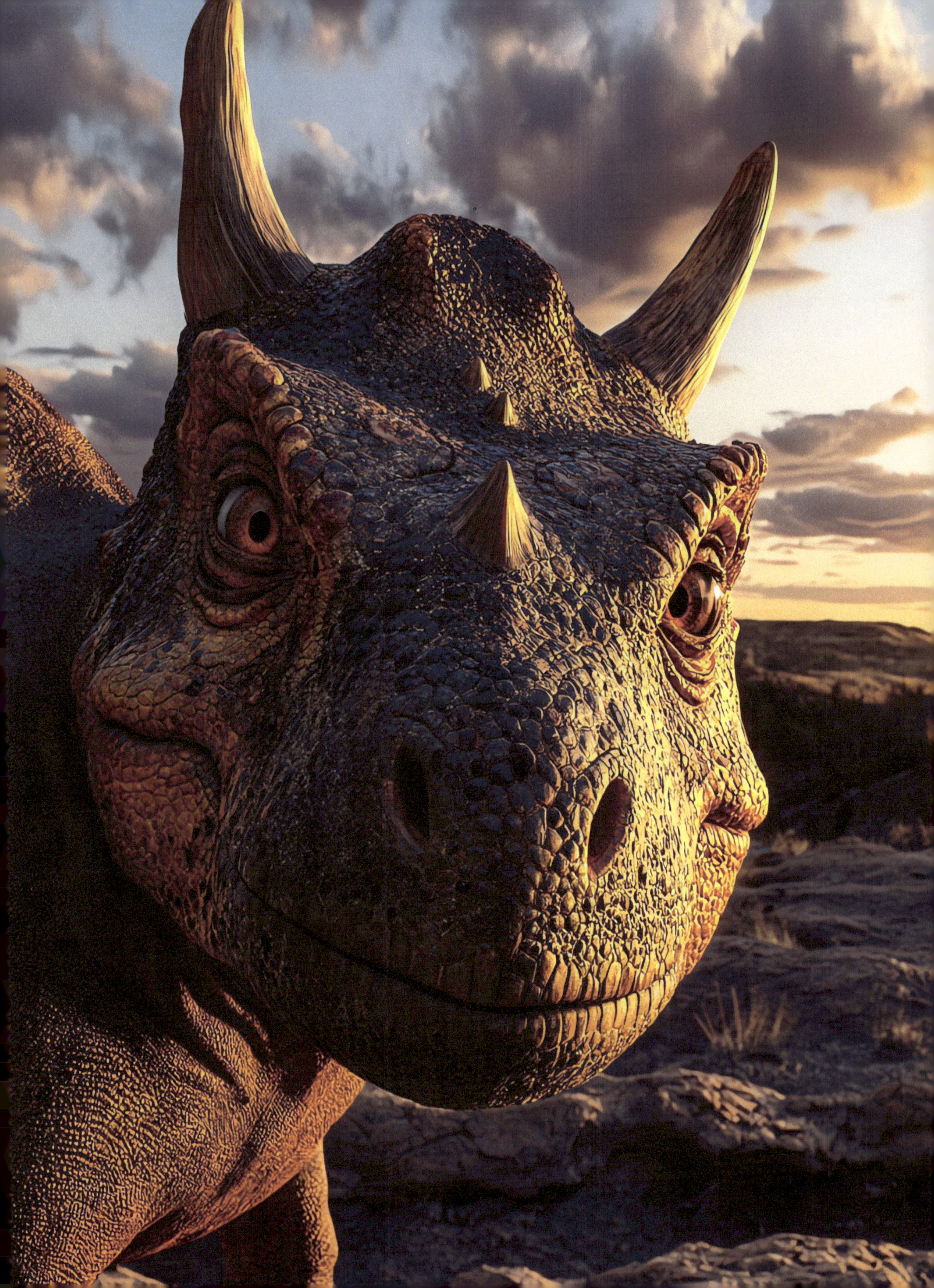

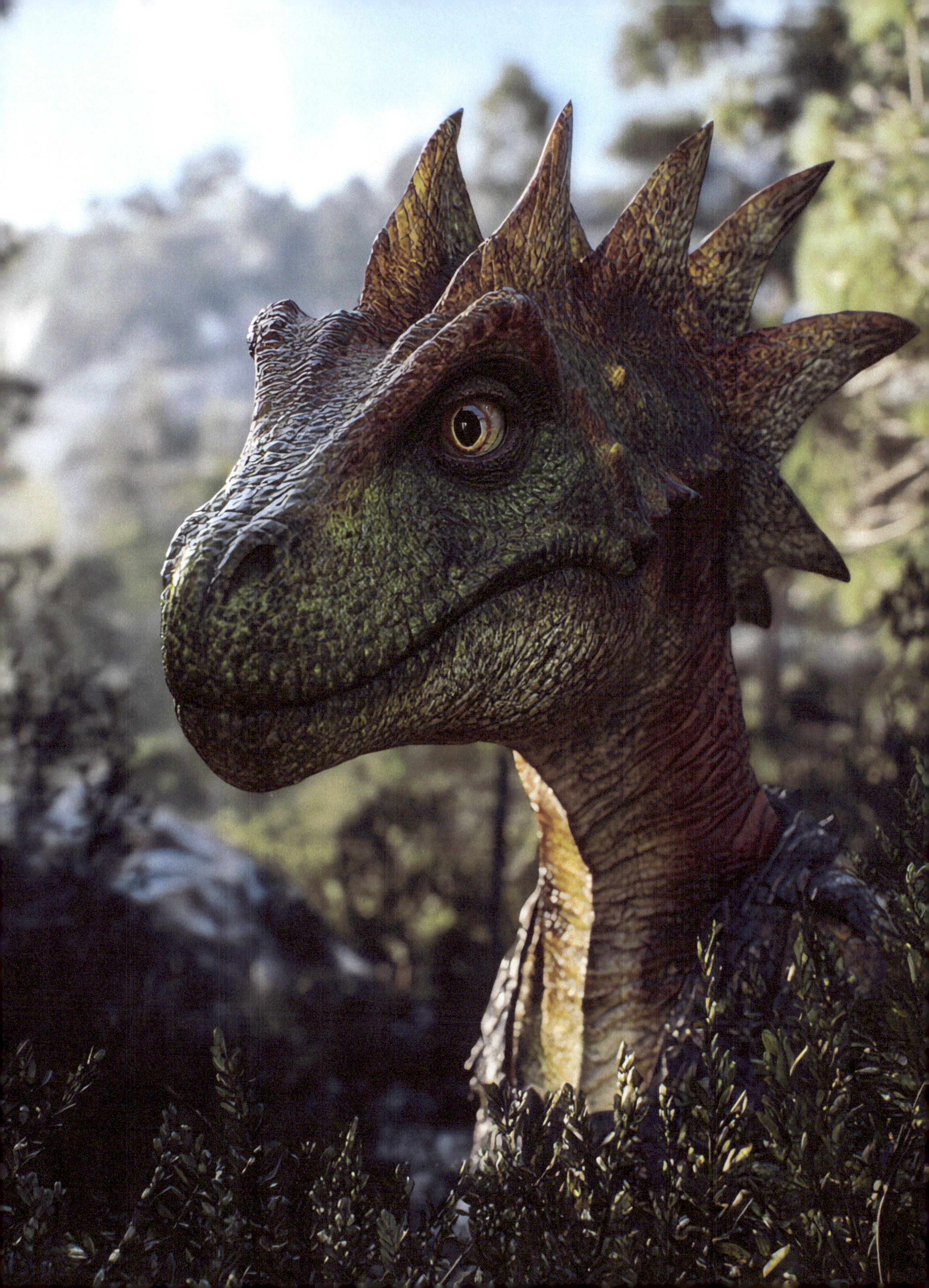

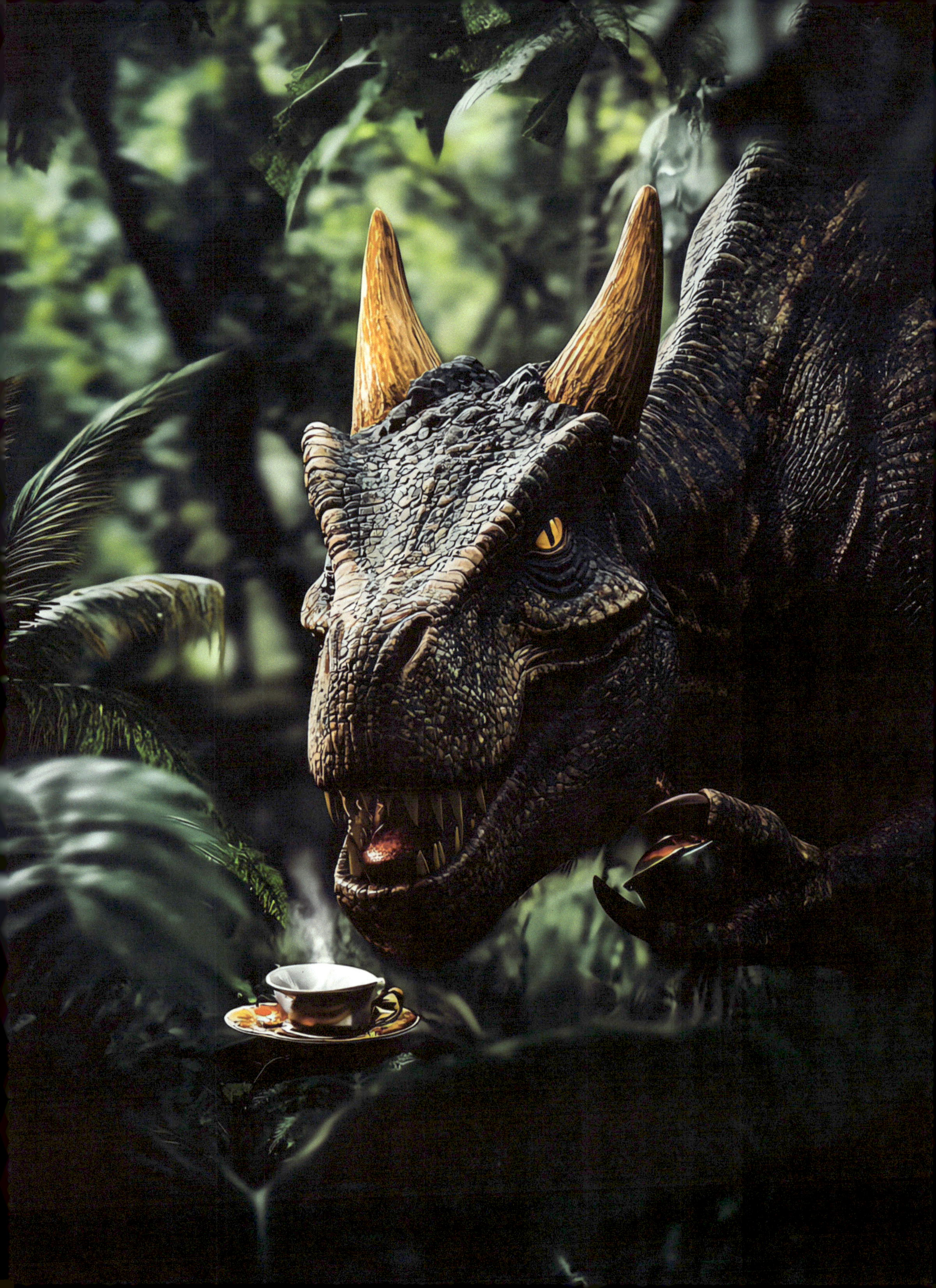

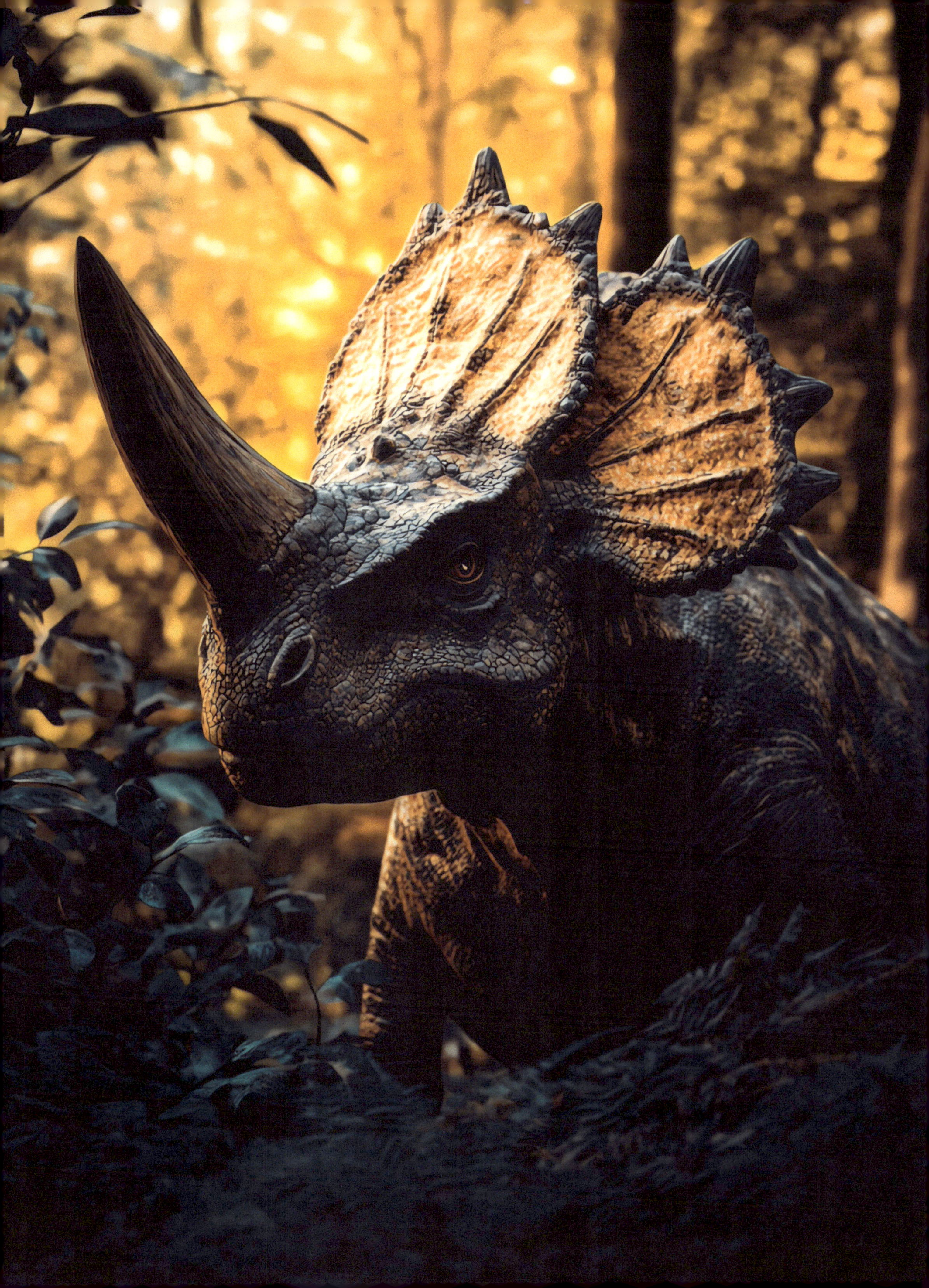

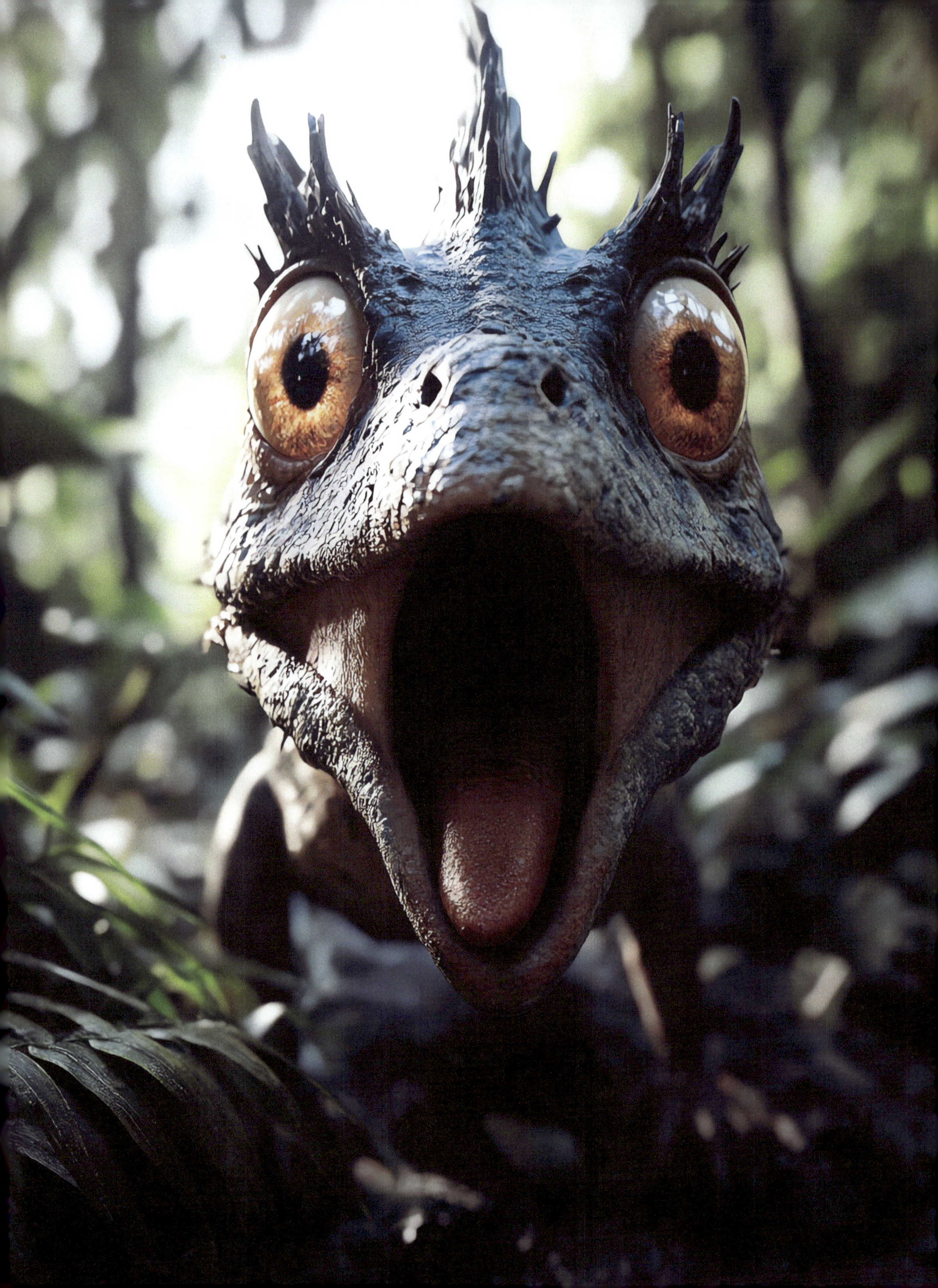

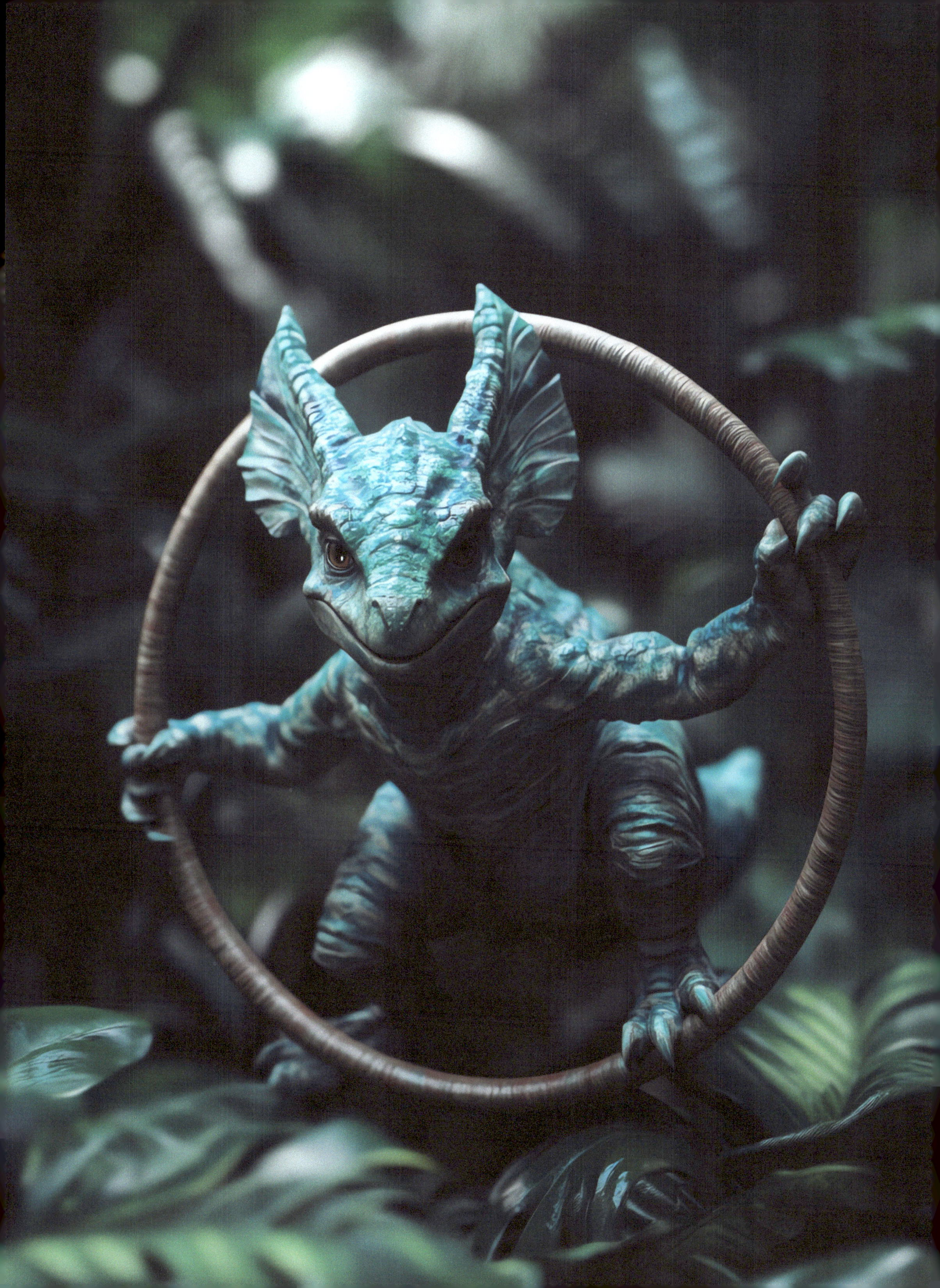

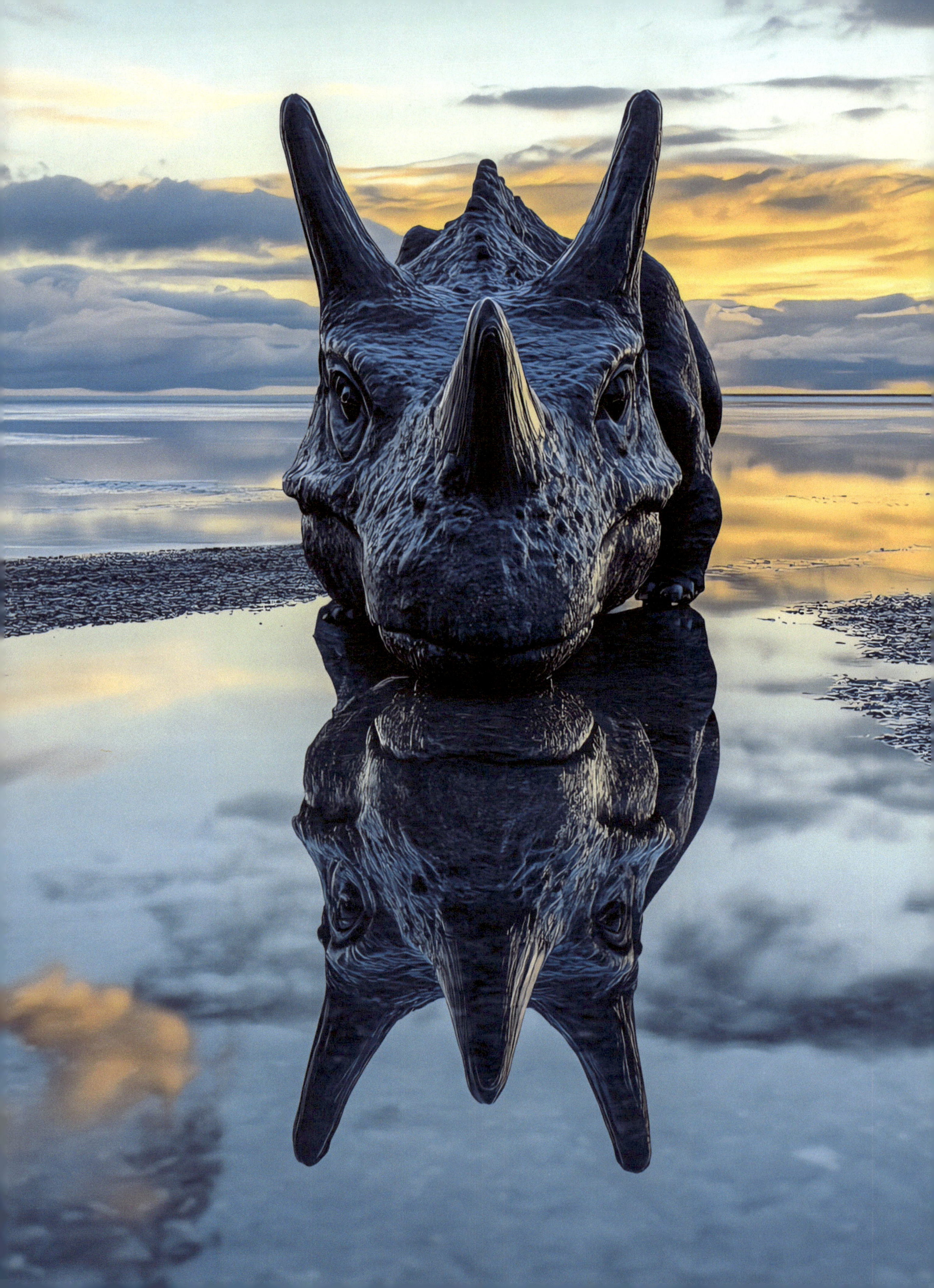

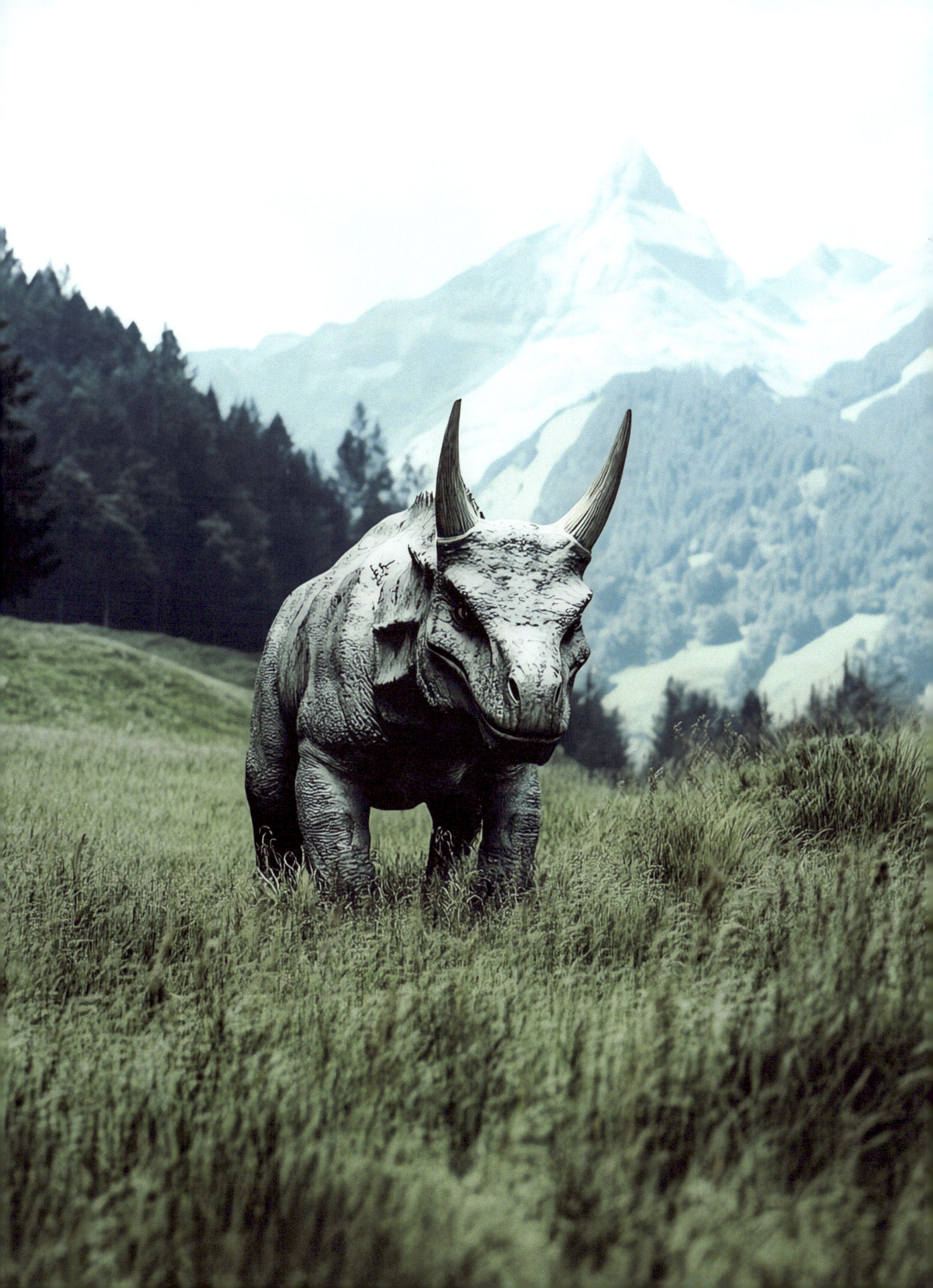

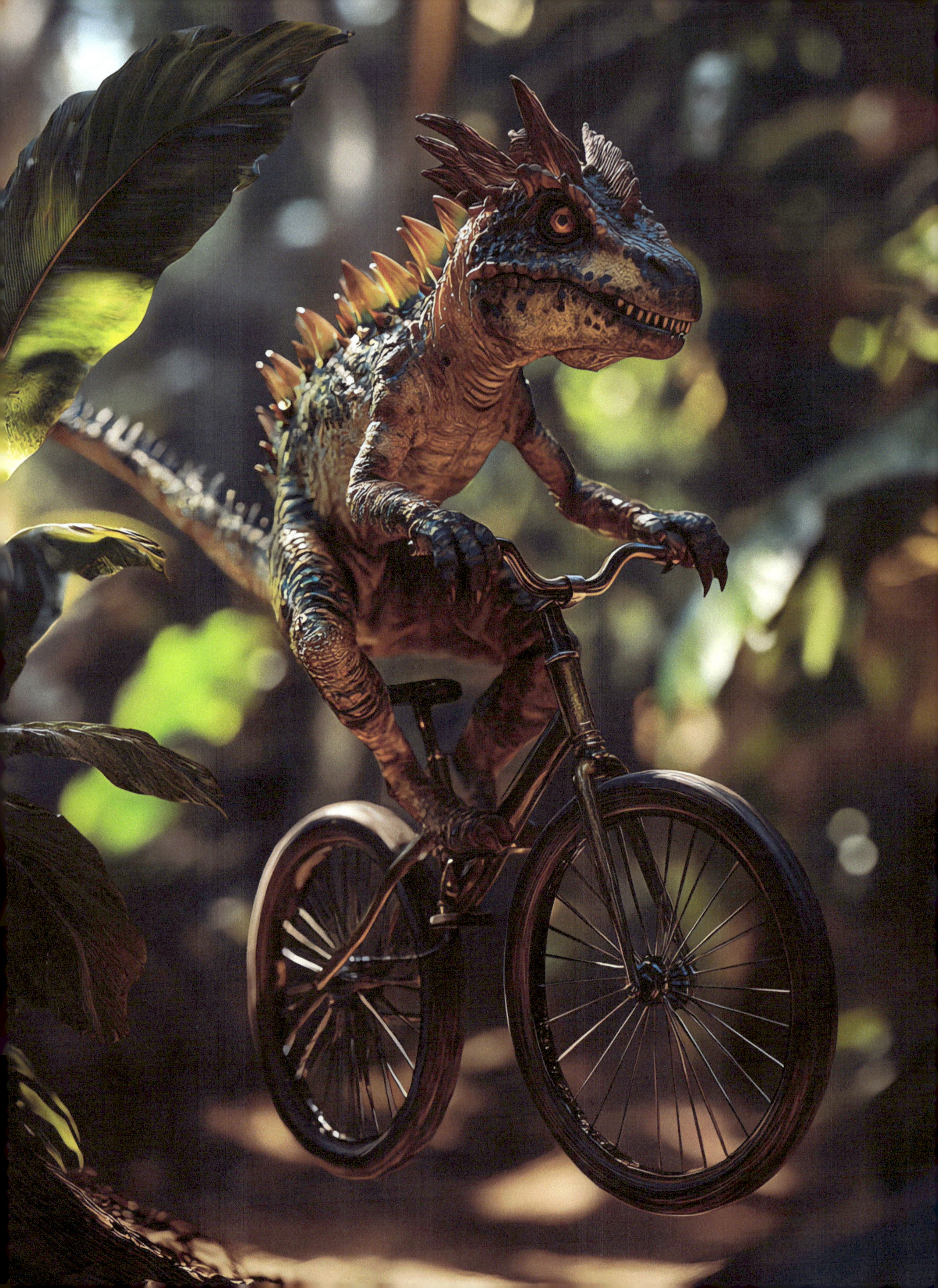

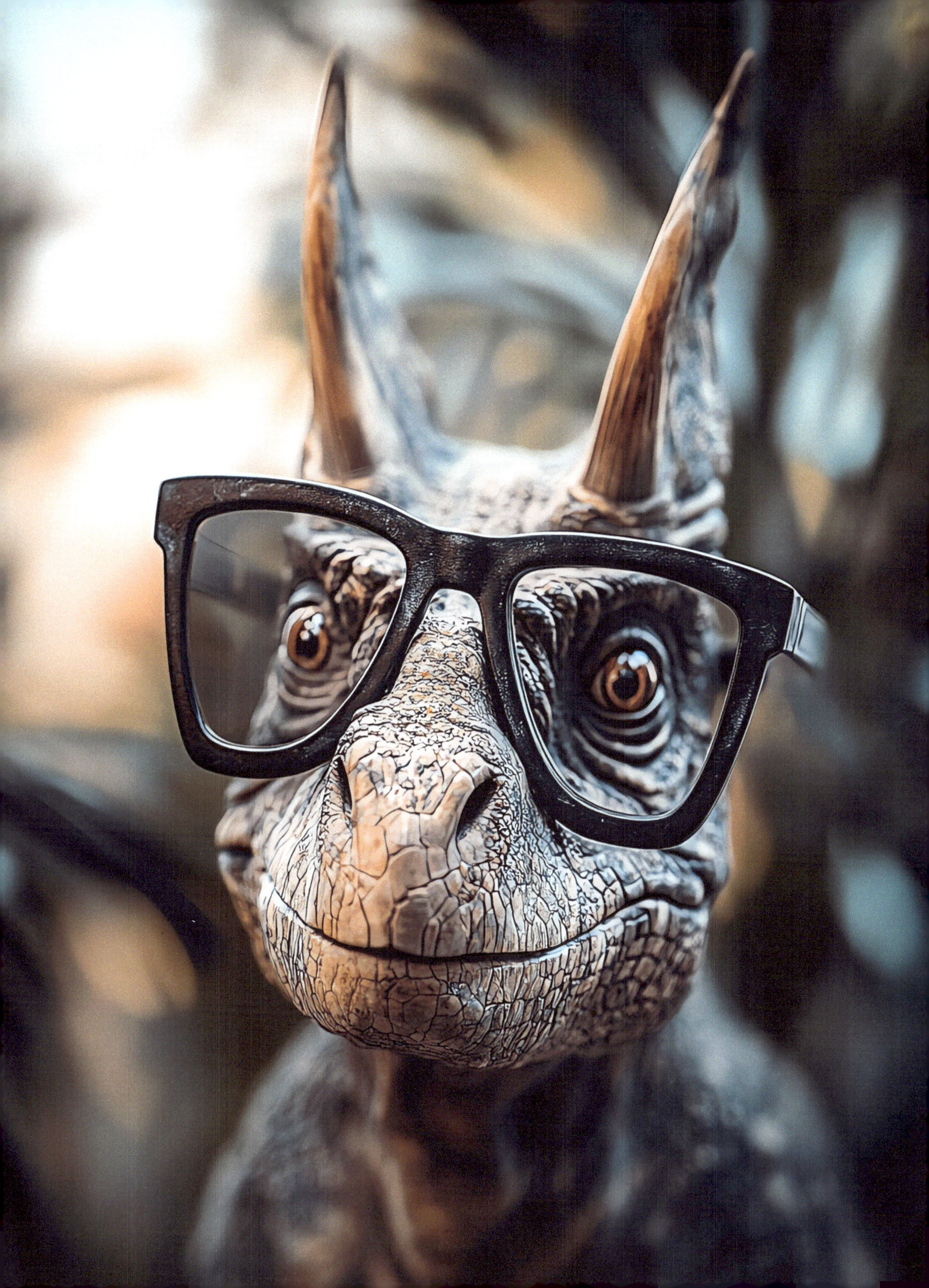

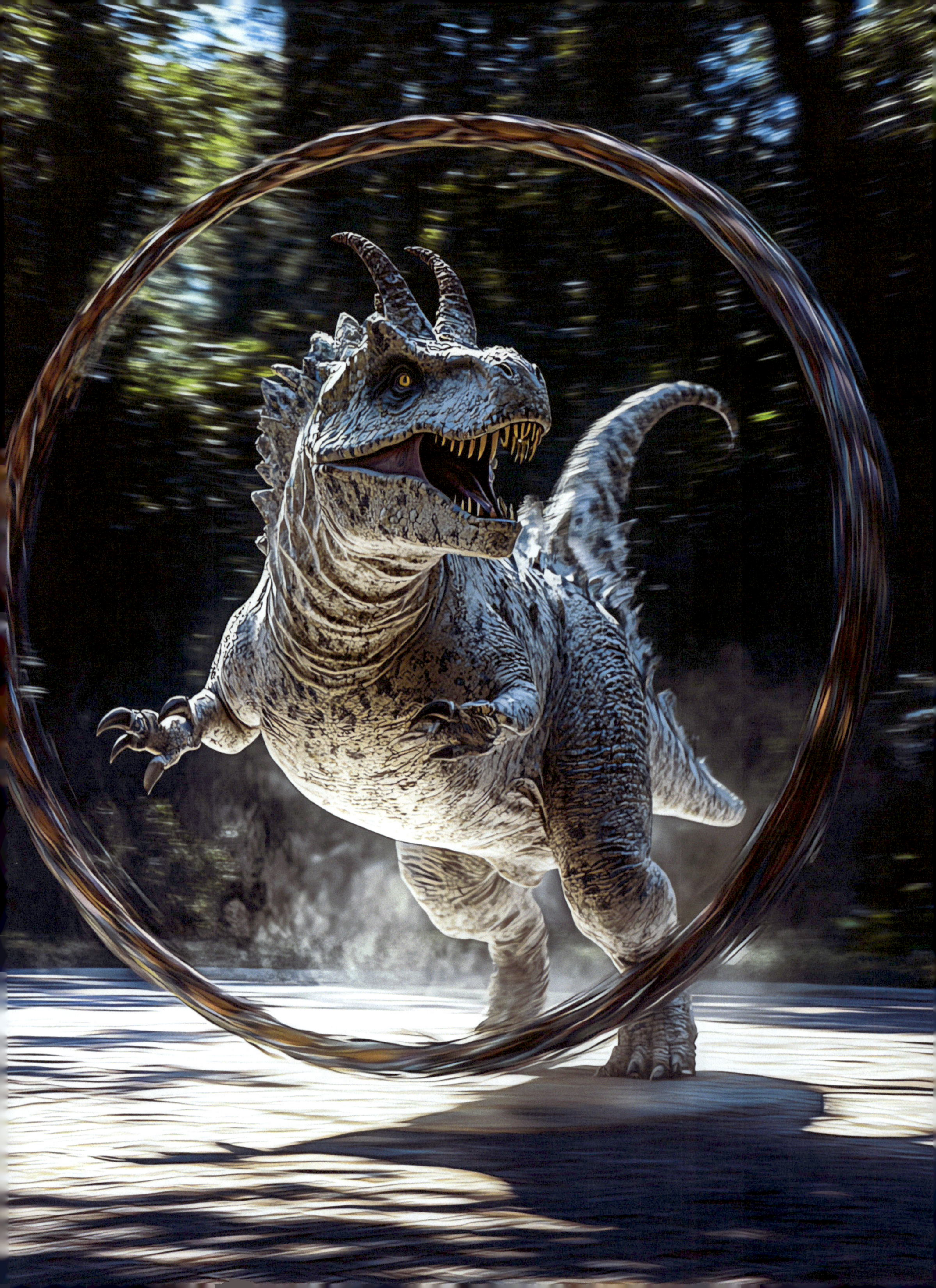

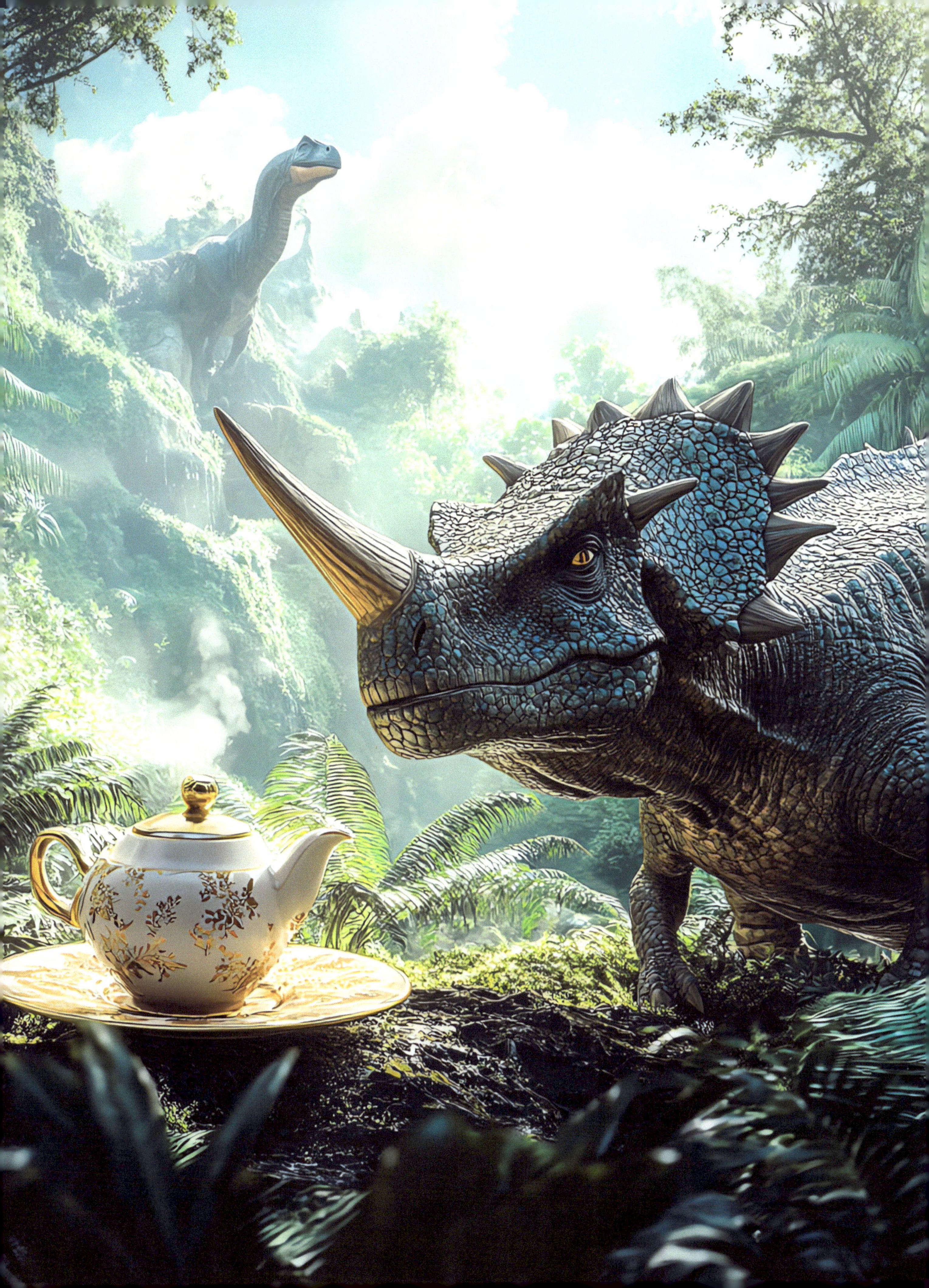

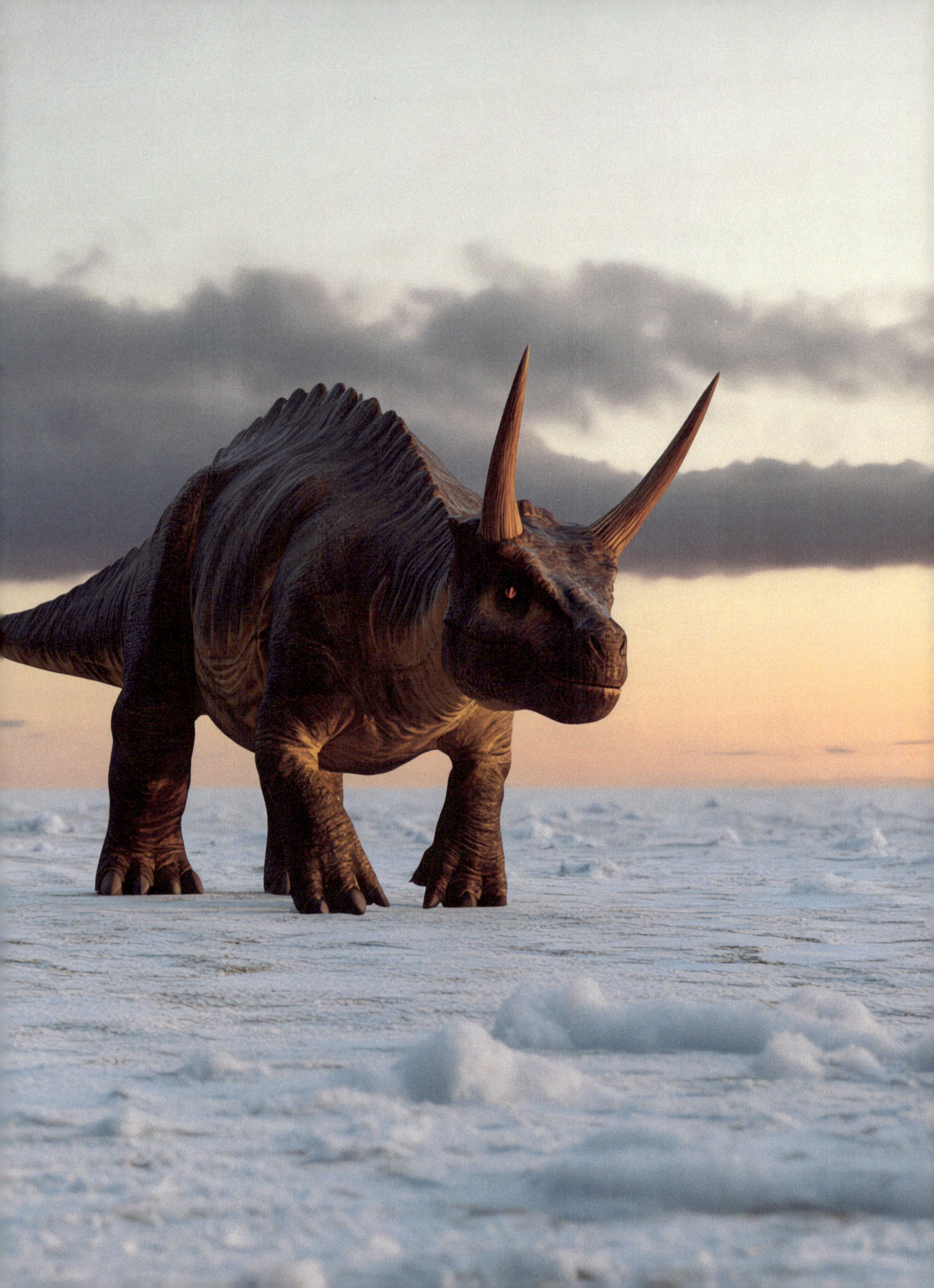

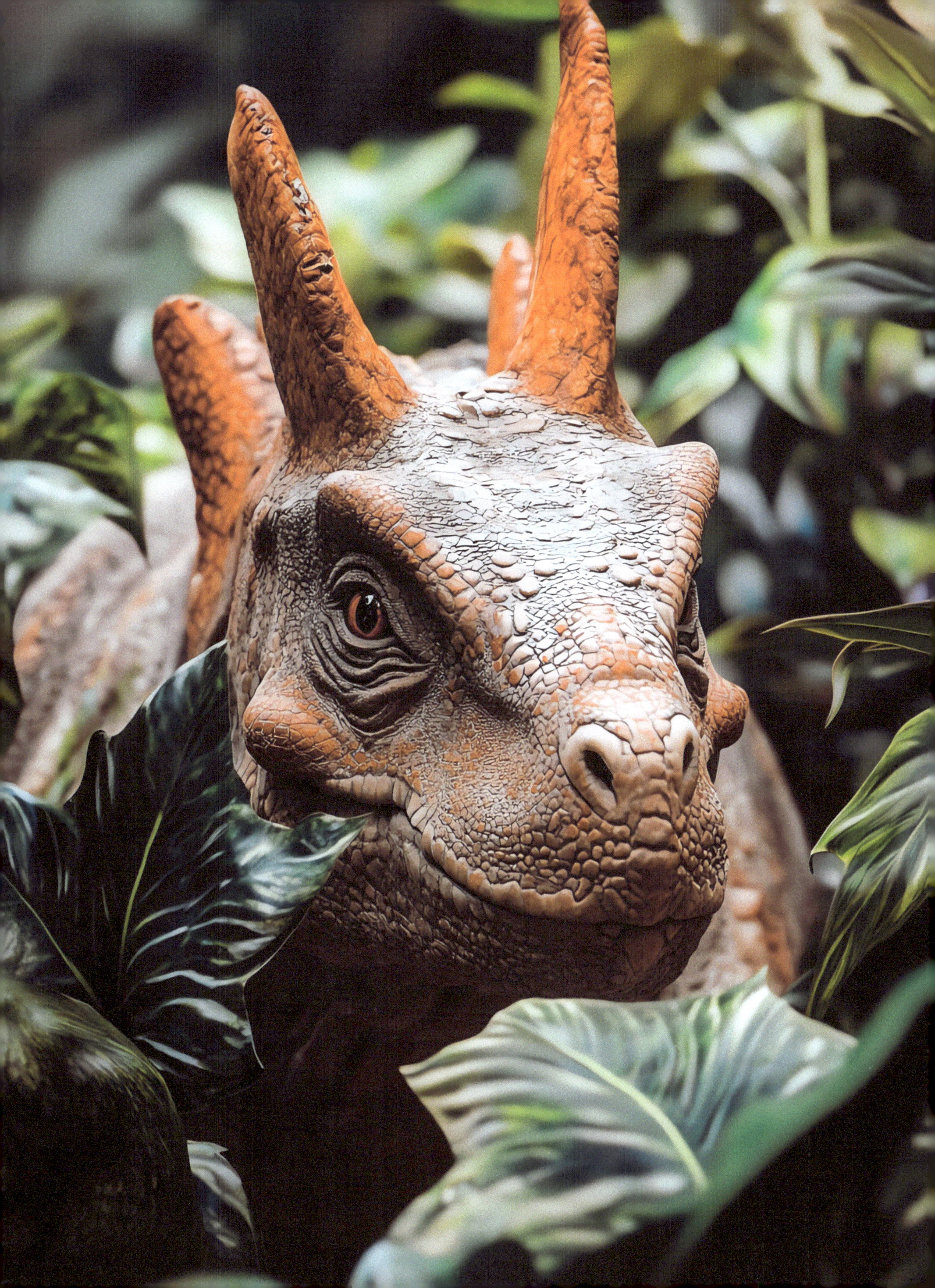

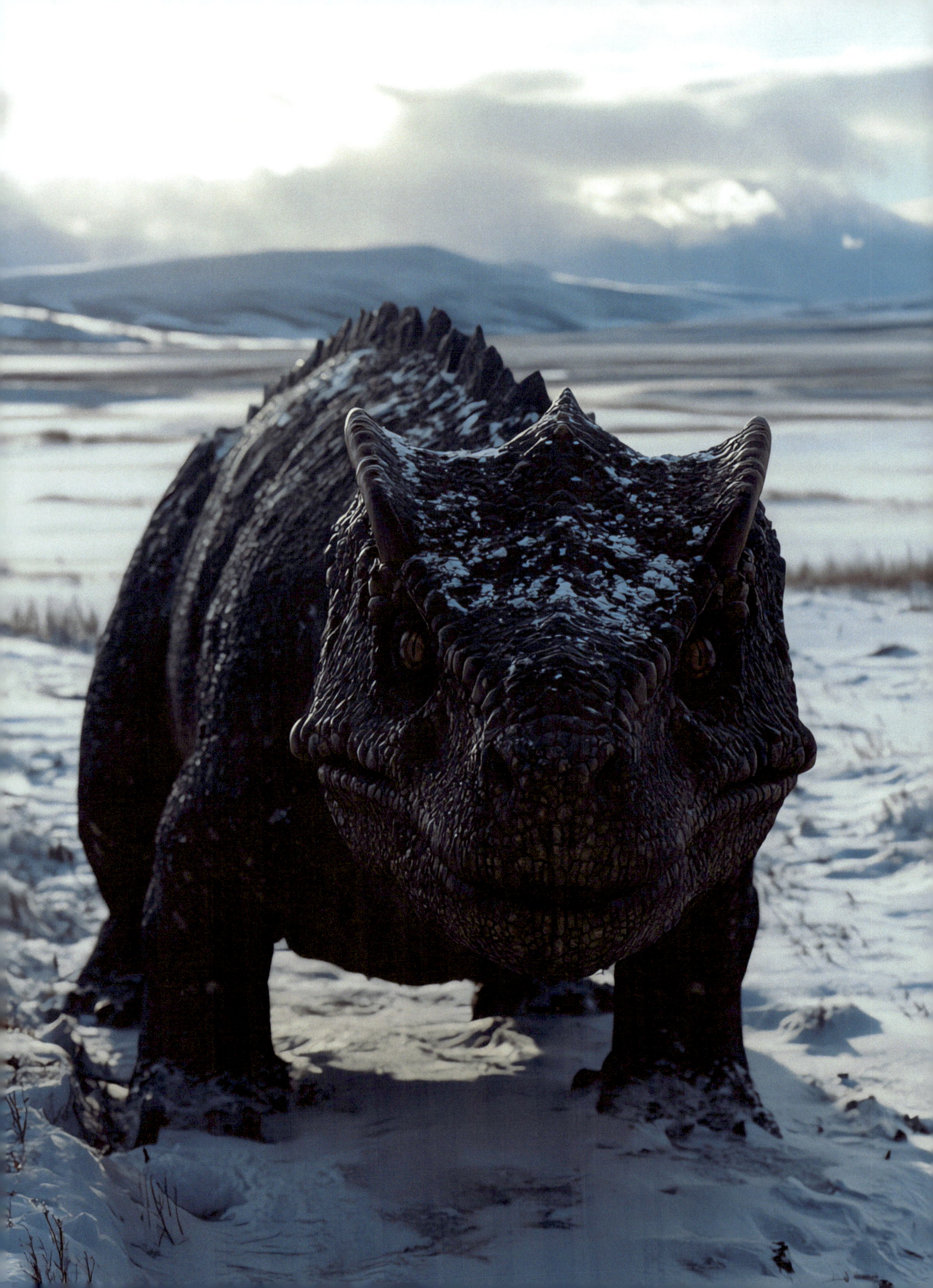

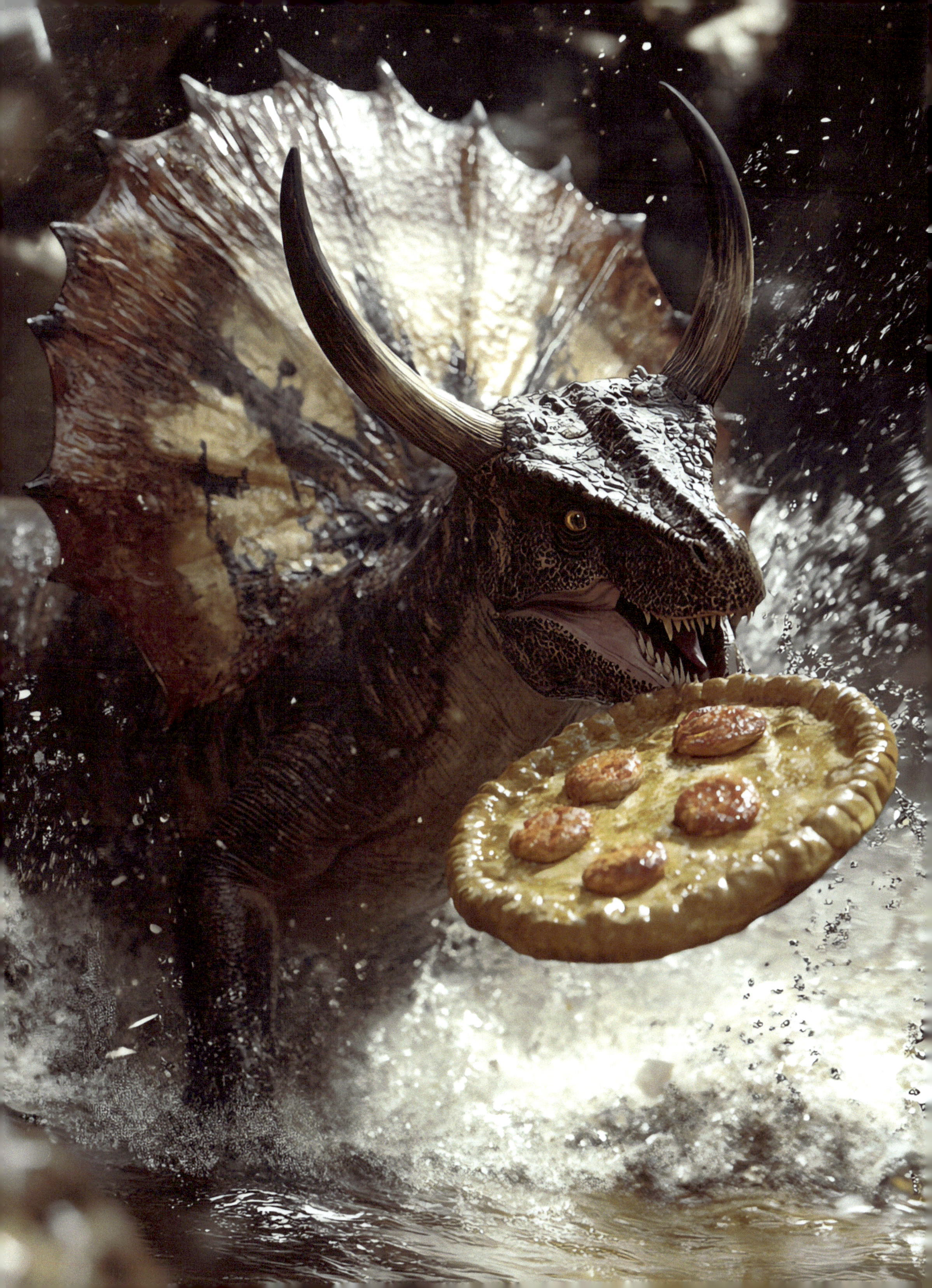

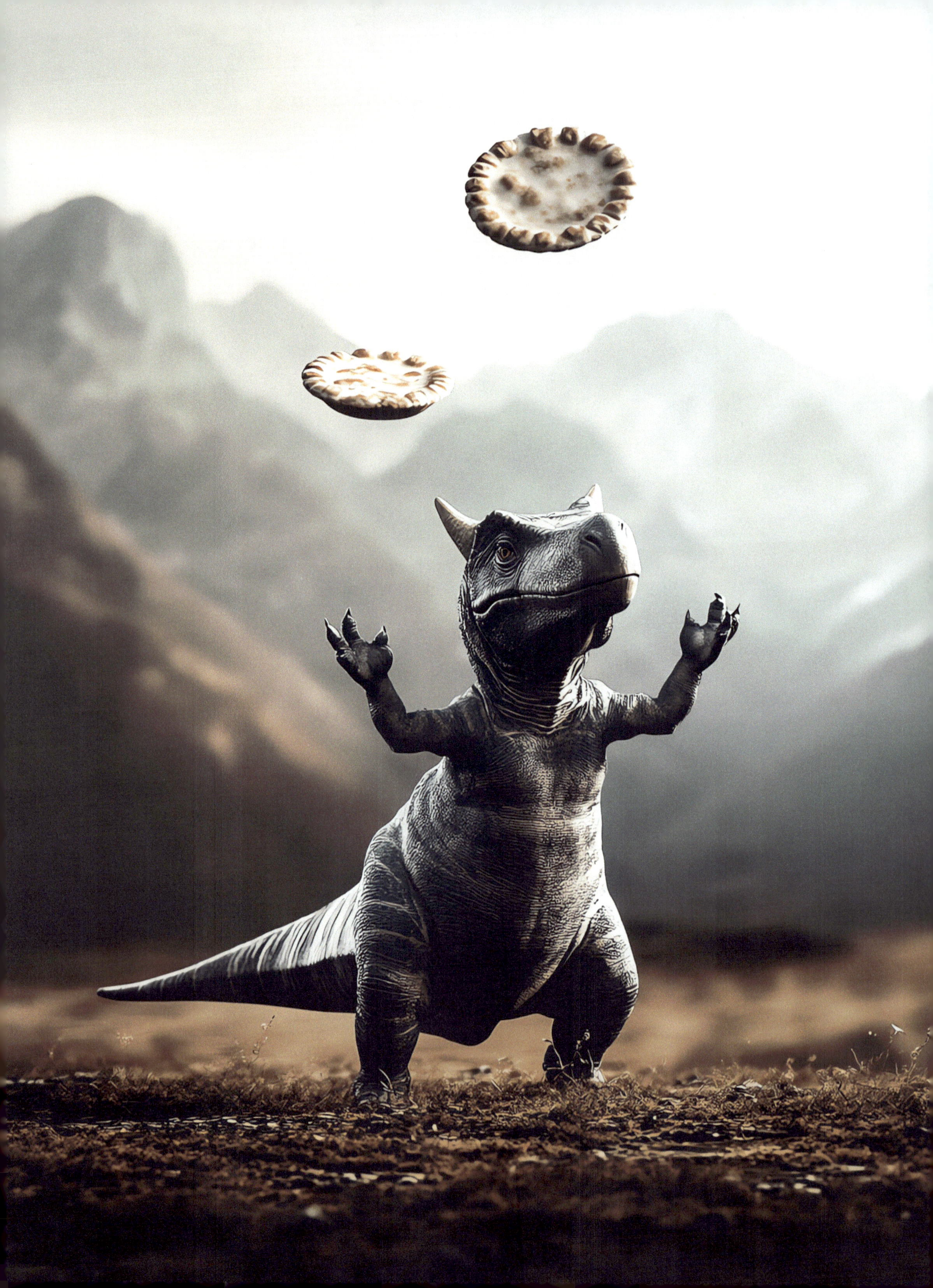

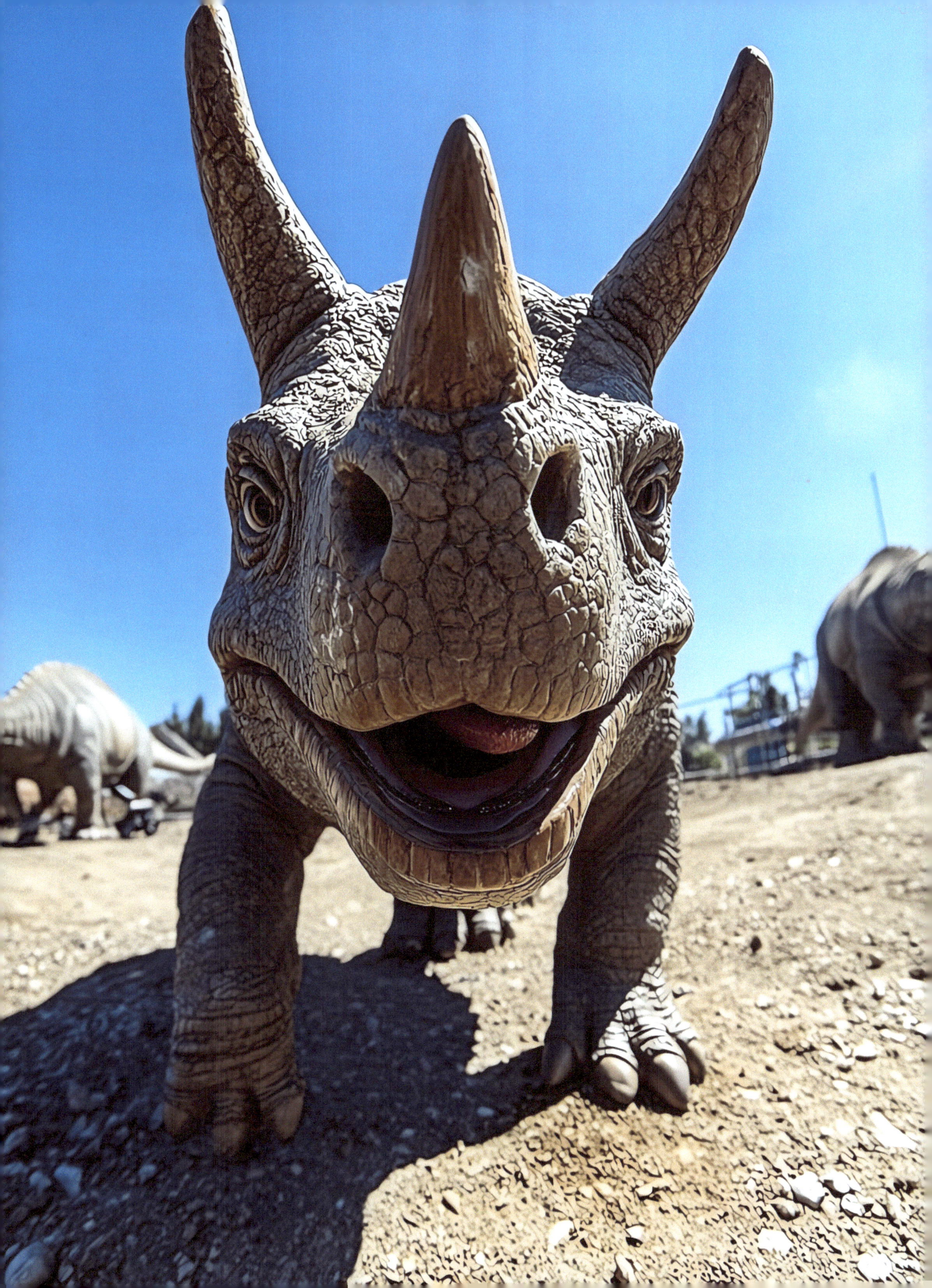

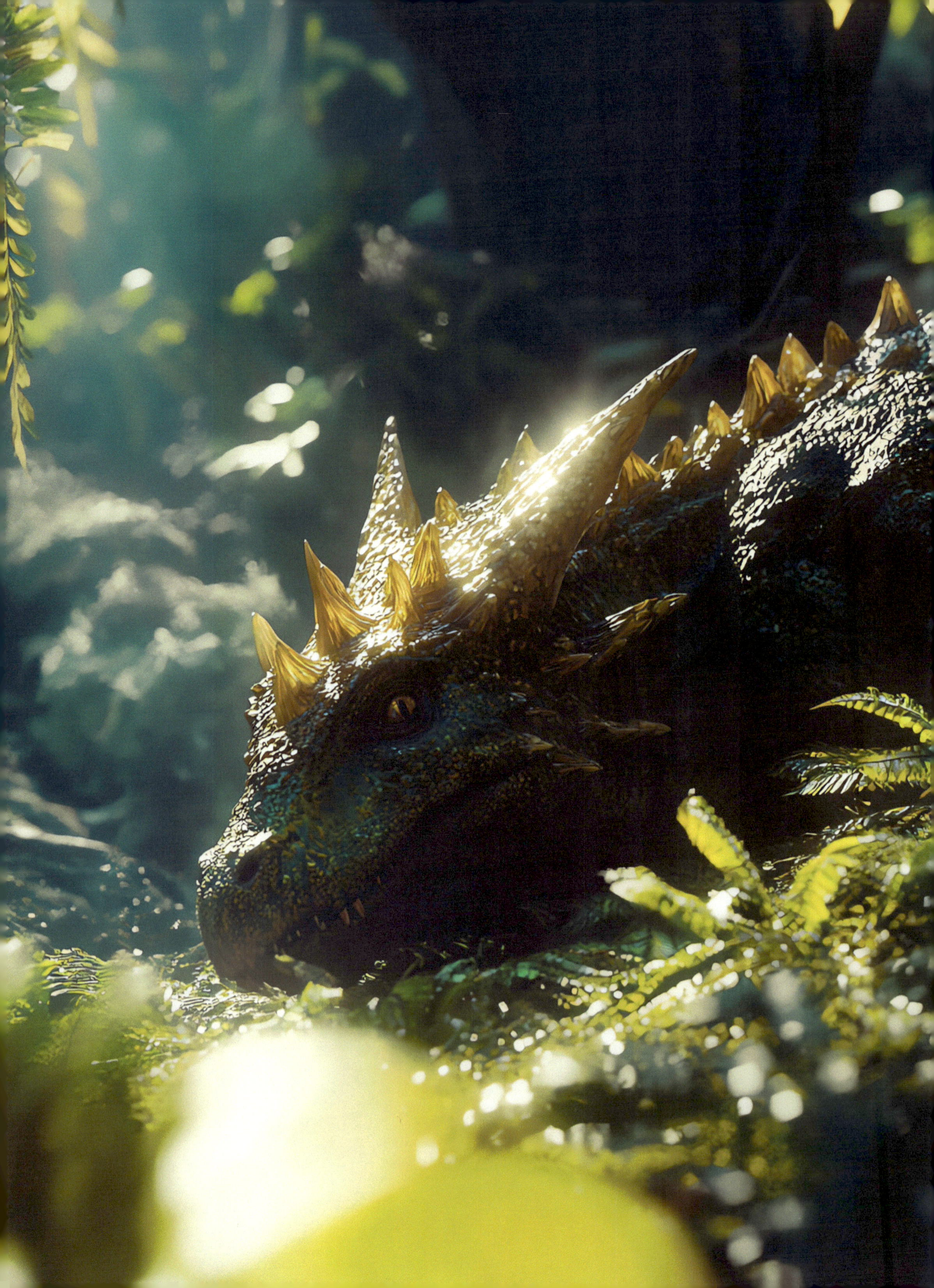

www.ingramcontent.com/pod-product-compliance
Lightning Source LLC
Chambersburg PA
CBHW040426220526
45473CB00004B/1357
* 9 7 9 8 3 0 3 2 4 6 3 6 2 *